情商

如何逆转被小团体排挤的社交孤立

管教

韦秀英　顾长安

苏　格　著

青岛出版社

QINGDAO PUBLISHING HOUSE

图书在版编目（CIP）数据

如何逆转被小团体排挤的社交孤立 / 韦秀英，顾长
安，苏格著. — 青岛：青岛出版社，2020.11
（情商管教）
ISBN 978-7-5552-8822-0

Ⅰ．①如… Ⅱ．①韦… ②顾… ③苏… Ⅲ．①人际关
系学－青少年读物 Ⅳ．①C912.11-49

中国版本图书馆CIP数据核字(2020)第031537号

书　　名	情商管教：如何逆转被小团体排挤的社交孤立	
著　　者	韦秀英　顾长安　苏　格	
出版发行	青岛出版社	
社　　址	青岛市海尔路182号（266061）	
本社网址	http://www.qdpub.com	
邮购电话	18613853563　　　　0532-68068091	
责任编辑	李文峰	
特约编辑	郑丽丽	
校　　对	耿道川	
装帧设计	白砚川	
照　　排	梁　霞	
印　　刷	德富泰（唐山）印务有限公司	
出版日期	2020年11月第1版　　2020年11月第1次印刷	
开　　本	32开（880mm×1230mm）	
印　　张	8	
字　　数	100千	
书　　号	ISBN 978-7-5552-8822-0	
定　　价	32.00元	

编校印装质量、盗版监督服务电话　4006532017　　　0532-68068638
建议陈列类别:畅销·亲子家教

情 商 管 教 ： 如 何 逆 转 被 小 团 体 排 挤 的 社 交 孤 立

生活中，每一个孩子都有被孤立的可能

父母觉得孩子难教。孩子的问题已经成为一个家庭的问题。

社交能力对一个孩子的成长至关重要。

现代的父母存在着一个普遍的认识，那就是"孩子离社会还远，社交问题可以等孩子长大后再来解决"。

要知道，人生的各个阶段，都需要社交。

孩子在学校要与老师和同学"打交道"，"打交道"本身就是一种社交活动。如果孩子不懂得"如何社交"，那么就不知道如何与同学相处。

如果无法融入集体，那么孩子在学校的生活必然不会那么顺利。孩子的集体意识，决定着孩子是否会对上学产生排斥心理。试想，如果在学校融不到集体当中去，势必感到孤独寂寞，那么孩子就没有办法静下心来好好学习，成绩必然也不会那么理想。

　　父母要改变传统的教育观念，不仅要提高孩子的智商，更要提高孩子的情商。

　　孩子对社交的渴望远远超出父母的预想，每一个孩子都渴望在与同伴相处的过程中获得友谊。如果有几个可以说得上话的好朋友，他们会越来越自信，越来越开朗；相反，如果在学校里交不到朋友，孩子心灵会受到极大的伤害。如果孩子始终处在孤独的境况当中，会产生无助、害怕甚至恐慌的情绪，严重的会极力否定自己，进而产生抑郁情绪。

　　父母如果不懂得如何去引导孩子，没有告诉孩子与他的同学、朋友之间相处的方法，孩子就会不知道如何交朋友，不知道如何维护与朋友间的友谊。他面临的是一个未知的世界。这与智商无关，而是一种内心对未知的强烈渴望。

　　这种渴望会贯穿一个人的整个孩提时代。

　　孩子对未知世界充满了好奇，同样地，也对生活充满了渴望。这种渴望促使他们走到更多人面前，充分展示自己的才华。但是孩子因为心智发育还不成熟，在面对未知的事物和人时会有害羞、胆怯甚至退缩的表现：不敢主动去结交新朋友，不敢大声地说出自己的想法，遇到陌生同学会不由自主地退缩等。

父母总觉得孩子不够大方，殊不知可能是父母对孩子的忽视才导致孩子的社交能力有所欠缺，有的可能仍然停留在懵懂阶段。他们的社交渴望在一次又一次的失败中化为泡影。这样的失败导致的直接后果就是：孩子害怕失败，不敢再尝试，动辄在家里大发脾气，甚至产生厌学心理，因为他们的社交渴望在学校生活中得不到满足。这时父母再对孩子加以心理引导可能收效甚微，因为在孩子眼里，父母的话不再那么重要了。父母说什么他们都不当一回事儿，依旧我行我素。

不仅如此，社交能力弱的孩子的自理能力可能会很差，不懂得照顾自己。早上起床后，孩子不知道自己需要干什么、怎么干，穿衣、刷牙、洗脸、吃饭这些基本的生活内容都不能自理。

在我们以往的教育理念中，父母担心孩子受到委屈，能帮孩子的事情尽一切力量来帮助孩子，却在无形中抹杀了孩子独立自主的能力。孩子需要独立去解决一些问题，尤其是生活上的和学习上的问题。孩子只有独立起来，才算是真正意义上的成长了。

情商，直接决定着孩子的人生走向。孩子是社会的一员，不可能脱离社会而独立存在，必须融入到集体当中才能有"自我"存在的价值感。因此，社交就显得格外重要。孩子在学校被同学孤立，这是目前教育中一个亟待解决的问题。

社交孤立，并不能简单归结为"孩子性格内向"，最大的原因可能是父母在教育上的缺失导致孩子不懂得如何"社交"。你是否鼓励孩子走出自我？你是否帮助孩子结交了一到两个好朋友？你是否真正察觉到了孩子的需求？因此，父母在评判"社交孤立"这个问题的时候，首先应该明确自身的立场。我们作为孩子"近身"学习的老师，要从小培养孩子的社交意识，通过正确引导的方式帮助孩子建立属于自己的社交网络。

在成长过程中，孩子渴望的东西会越来越多，要面对的事情会越来越复杂，只有懂得如何处理人际关系，巧妙地利用集体智慧，才能在未来的生活中更加独立、自信和从容不迫。

好的社交能力将是孩子一生之中最宝贵的财富。

目录

C O N T E N T S

前言

生活中，每一个孩子都有被孤立的可能

第一章

警惕：今天孩子被同学孤立，明天孩子就会走向极端

及时察觉孩子社交孤立的信号 003

社交孤立的代价：抑郁、孤独、焦虑，甚至轻生 009

深度剖析：为什么孩子会被社交孤立 015

生活中，那些可能被忽略的社交孤立 020

正确了解情况，理解孩子所处的环境 025

第二章
面对被同学孤立的孩子，你要及时给予家庭的温暖

你是否读懂了孩子的需求   035

孩子会社交，父母的引导很重要   040

从体察情绪开始，一步一步教会孩子有效社交   047

陪孩子成长，借助亲子游戏提升孩子的交际力   053

别再把孩子关在家里，多带他出去走走   058

帮孩子交朋友，教他拉近与同学间的距离   064

第三章

受欢迎的孩子是这样诞生的：你一直忽略的社交礼仪

懂礼貌与不懂礼貌的孩子有天壤之别　　　　　　　073

谦让并不是示弱，而是一种修养　　　　　　　　　079

不是人人都是"主角"，培养孩子的集体意识　　　084

尊重他人才能被他人尊重　　　　　　　　　　　　090

每个人心中都有一张"好人卡"，帮孩子获得好人缘　095

第四章
很多悲剧源于这张嘴：孩子必须掌握的沟通技巧

孩子不爱交流，父母要负主要责任 103

"打扰了""谢谢"等礼貌用语挂嘴边 110

你是否知道"我们"和"我"的区别 115

一句"对不起"所蕴藏的力量 120

回应也有学问，别让孩子变成一根"呆木头" 127

别再唯命是从，你要教会孩子拒绝 132

第五章

这样的孩子没上限：鼓励孩子融入群体，主动结交新朋友

反思：你的孩子有与众不同的地方吗？ 139

很多家长不知道：友谊是从自我介绍开始的 146

孩子不是吓唬大的，也要训练他的胆量 151

记住：你可以教孩子自信而不是自大 158

拒做"独行侠"，鼓励孩子与他人合作 164

教会孩子欣赏他人，认清彼此间的差异 168

第六章

社交中孩子常犯的错误：必须避免的社交禁忌

注意力不集中让孩子失去朋友 175

喜欢动手打人的孩子，会被贴上"坏"标签 181

经常发脾气的孩子，走到哪里都不受欢迎 188

没有责任心的孩子，同学敬而远之 194

爱说谎的孩子没朋友，教孩子诚实待人 200

孩子压力大不利于社交，教会孩子管理压力 205

第七章

校园冲突无处不在：帮助孩子化解社交冲突

孩子经常被同学嘲笑，你要教他这样做   215

过度的玩笑引发悲剧，正确应对同学的戏弄   220

失败并不可怕，教孩子直面失败的方法   224

孩子与同学发生冲突，父母的最佳处理方式   229

培养高情商的孩子，有效社交的五个方法   236

情商管教：如何逆转被小团体排挤的社交孤立

第一章

警惕：今天孩子被同学孤立，
明天孩子就会走向极端

及时察觉孩子
社交孤立的信号

社交孤立最易发生在学生时代，具体表现为"孩子不与其他同学进行互动"。孩子因为不合群，在学校容易被针对、被排挤，最终产生逆反心理，性格逐渐变得偏激，甚至做出一些疯狂的举动。在常人看来不可能发生的事，实际上发生在每个人身边。

心理健康是每一个父母都应该重视的问题。孩子今天在学校过得怎么样，有没有什么开心或不开心的事，与其他同学相处得怎么样，是否结交到新的朋友，这些都需要父母与孩子进行沟通。

父母跟孩子沟通要讲究方法。比如孩子放学后心情不太好，父母可以从孩子的脸上读出"我不高兴"这个信息来，知道孩子可能在学校遇到了不开心的事。这时父母可以跟孩子说："宝贝，你今天看起来有点不一样啊，一定是学校有什么有趣的事发生了，来跟爸爸、妈妈讲一讲，让爸爸、妈妈也高兴一下。"原本孩子可能不肯开口说话，只是一个人在角落里生闷气，但是父母这样一说，孩子就可能主动告诉你们到底为什么心情不好。

父母要主动引导孩子开口，不要想当然地以为孩子有问题会主动来找父母。父母应该时不时地询问孩子在学校的情况，以此培养孩子主动表达的能力。

就读于某国际学校的李雷是一个特别贪玩的孩子，做事从没有计划性，也不知道如何合理地安排自己的时间，经常不能按时完成作业。父母觉得他懒惰，不是读书的料，就连他自己也觉得自己不行。父母的这种认知严重影响了李雷的学习积极性。

有一次老师批评他："李雷，你再不好好写作业，我就请家长了。"

没想到老师的这一句话点燃了李雷的怒火，他拿起课本朝着老师大吼："请就请！"然后李雷用力把书摔在地上，不停地大声尖叫，还将身旁的课桌推倒。

不仅如此，李雷还摔椅子、砸地板，完全变了个人似的，吓得同学们纷纷躲开。

老师过去想要制止他，可一点儿效果也没有。李雷对着老师又打又踢，非常凶猛。这样的状况持续了好一会儿，李雷才安静下来。

经历这件事后，老师详细了解了李雷的家庭状况：父母长时间忙于工作，根本没有时间管他，将他交给不识字的奶奶看管。奶奶对李雷的管教仅仅在于生活中，其他的一窍不通。李雷无法安心学习，连基本的自信都没有，脾气自然越来越差。

事实上，孩子的性格在很大程度上与父母的引导有关。平时父母可以主动跟孩子聊天。比如孩子做了一个新奇有趣的玩具，妈妈看到后可以走过去跟孩子说："哇，你做的这个好有意思，可以给妈妈玩一下吗？"妈妈这样一说，孩子就会滔滔不绝地讲起这个玩具，告诉妈妈这个玩具叫什么，要怎么玩。于是一场有趣的亲子活动就水到渠成了。

孩子不懂沟通，就会孤僻、焦躁和不安，在学校也不愿意与同学交流，最终会被同学孤立。当他遇到不如意的事时，就会爆发出极端的情绪。

在学校被孤立的孩子，绝大多数会产生自卑心理。所谓自卑，就是觉得自己不如别人，害怕与人交往；还有的孩子因为习惯了孤独，失去了社交的能力，长大后也不愿意接近别人，喜欢独处。

相反，那些孤立、排挤他人的孩子，会习惯性地把自己放在比别人更高的位置上，渴望得到他人的认同，因而心理防线十分薄弱，容易形成抗挫力极差的性格。

无论哪种情况，父母都应该尽早发现，及时管教。孩子放学回家后，父母要注意孩子的一言一行。如果孩子在学校被同学孤立了，肯定会在日常生活中表现出来。这种心理上的困惑是不可能完全被隐瞒的，会下意识或有意识地表露出来。

如果出现以下情况中的几种，你的孩子可能出现了社交孤立问题，意味着他需要帮助：

1. 孩子热身很慢，很难进入状态；

2. 回家后喜欢一个人待着，对什么事都漠不关心；

3. 十分依赖身边的人，不能独立做好原本可以做好的事情；

4. 不敢大声说话，声音很小；

5. 对于新的活动和事物，还没尝试就拒绝了；

6. 经常不知所措；

7. 容易发脾气，显得焦躁不安，有时候独自哭泣或发愣；

8. 不愿与人交谈；

9. 容易脸红，说起事情时，总是移动视线；

10. 喜欢用手捂住脸，头一直低着；

11. 与别的孩子在一起时，不知道怎么互动，只玩了一会儿就不耐烦了；

12. 做事没有信心，十分自卑，把一切都想得很糟糕。

如果孩子真的被同学孤立了，父母可以试着多与孩子沟通，聊一聊孩子感兴趣的话题，激发孩子表达的欲望。

孩子心理一旦出现问题，就会表现出异样的情绪，对周围事物产生强烈的抵触感，即便面对父母也会感到害怕，只想躲起来。一味地教训只会让孩子越来越害怕，更不愿意说出真实的感受，父母要给孩子机会，鼓励孩子开口。想要孩子走出社交孤立的困惑，父母必须有足够的耐心，一点也不能急躁。

请回想一下孩子有多长时间没有跟你开开心心地聊天了。父母抱怨孩子心里有事从来不跟他们讲，却没有想过孩子的成长是需要陪伴与呵护的。孩子这一生当中会遇到很多事情，当他们不知道如何处理时，最需要的就是父母的帮助。

父母应当及时发现孩子的问题，了解孩子的具体情况，有针对性地进行解决。父母想让孩子多跟自己交流，要先架起沟通的桥梁，否则孩子只会将一切放在心里，亲子关系也会越来越差。

孩子是独立的个体，心理成长格外重要。他们大部分时间是在学校度过的，人生起步于学校，学校的环境怎么样，与同学相处得怎么样，都会对性格产生巨大的影响。父母需要及时察觉孩子的异样，发现问题所在，帮助孩子走出困境。

社交孤立的代价：
抑郁、孤独、焦虑，甚至轻生

很多父母觉得小孩子间有不愉快很正常，不可能要求孩子能与所有的同学成为朋友。但是他们忽略了一个非常重要的问题，那便是孩子融入集体的问题。孩子被同学所孤立，就难以融入集体，感受不到集体的温暖和伙伴的帮助。久而久之，孩子便成了一个"独行侠"，不懂得分享，更不懂得体谅。

自古以来，人类都是群居的，需要与同伴交流。通过交流，人的思维会活跃起来，能产生巨大的创造力。当一个人只生活在自己的世界时，将看不到外面的世界的美好以及生活的多姿多彩。

现代生活越来越多样化，很多父母要忙于工作，只能将孩子交给长辈带，只有过年时回来陪孩子几天。孩子早已习惯了父母不在身边，对父母的感情非常淡。孩子成绩不理想，父母想与孩子聊会儿天，可是没说上几句话，孩子就表现得很不耐烦。当父母问起在学校里的生活时，孩子一句话也不说，直接走开了，抱起手机，玩自己的去了。父母很苦恼：明明好心好意关心他，他为何不领情？

其实他们不明白，孩子缺少一份温暖。孩子长期一个人生活，孤独惯了，当父母出现在他面前时，他不可能一下子做出改变。父母对他而言只是一个代号，而不是亲人。孩子心里与父母的隔阂不是一时的关心就能解决的。当孩子独自在学校里生活时，父母需要给予他更多的关怀。

如果孩子性格内向，不愿开口，在学校被同学孤立、欺负，都需要父母自己来发现。很多时候父母如果不主动问，孩子就不会说。甚至当孩子说起学校的事时，如果父母觉得只是一件很小的事，并没有放在心上，孩子的自尊就会受到影响。殊不知，虽然只是一件不起眼的小事，却会对孩子的心灵造成极大的伤害。

在市第一小学读书的李军今年上五年级了，爸爸常年出差在外，由妈妈一个人带着。但是李军与妈妈的感情并不好，很少与妈妈进行交流。他的作息时间不规律，经常很晚睡觉，早上起不来。

妈妈在很多方面表现得格外强势，比如李军测验时只考了39分，妈妈会说他"又不及格，你怎么蠢得像一头猪似的"；比如李军不小心把衣服穿反了，妈妈就会责怪他"这么大了，连衣服都不会穿"，等等。

妈妈不仅干预李军的生活，还会干预李军的学习。学校要买的资料，妈妈一样都不会落下，还会给李军多买几本，完全不考虑李军有没有时间做，如果李军不做，妈妈就会骂李军懒。

正因如此，李军变得一点儿自信也没有，觉得自己什么都不会。妈妈的过度否定让李军陷入自卑的泥潭之中。他说话声音小，做题速度慢，同学都不愿意跟他做同桌。在班上交不到好朋友，他内心十分孤独，甚至产生过轻生的念头。

孩子在学校被同学孤立，有各种各样的原因，只有找到原因，对症下药，才能真正帮助孩子摆脱被孤立的困境。孩子被社交孤立是一件极其严重的事，会对孩子的未来造成巨大的影响。

那么，那些被社交孤立的孩子最终怎么样了？

被孤立的孩子看不到别人的好，当别人受到伤害时，他就感到高兴，甚至看不到生活中的任何美好；当遇到事情时，他

会逃避和退缩；他永远躲在角落里，生活在自己的世界里；他自我怀疑，失去成长的信心。

自我怀疑和自我否定是极不健康的心理情绪，表现为极度的不自信，不敢主动做任何事情，哪怕是一件很小的事情，也不敢独自完成。同时自我怀疑的人不会寻求帮助，只会不知所措地待在那里，显得十分呆板。

不仅如此，这种孩子还会产生强烈的自我厌恶情绪，觉得自己什么事都做不好，没有人喜欢自己。他脑子里所想的全是这些，根本无法集中注意力听课，产生严重的抑郁情绪，甚至自残、失眠、厌学、厌世，更严重的还会轻生。

有时候，大人觉得孩子之间的矛盾都只是小事，事实上它所造成的负面影响是巨大的。它会给孩子的心灵带来极大的伤害，让孩子变得极端、容易发怒，让孩子产生抑郁的情绪，最终让孩子的人生变得灰暗。

有心理学家研究过美国校园枪击案。那些持枪伤害其他人的孩子中，接近87%的人正在经历或经历过社交孤立。他们因为不为同学所接纳——这一事实直接影响了他们心理的健康——产生了报复社会的极端情绪。

当孩子日复一日地遭到同学排斥，他的归属感会变得十分稀薄，会感到孤独、无助、焦躁甚至恐惧。那种不被接受、不被需要的感觉，会在他心里落下巨大的阴影，他找不到自我的价值，找不到人生的乐趣。在长远的人生道路上，他们不懂得管理自己的情绪，容易生气发怒，这种情绪不利于个人的发展。

社交孤立所带来的影响是多方面的，比如困惑、焦躁和不安。当孩子的心理不能健康成长时，自然会产生很多极端的情绪。所以当孩子在学校被孤立时，父母必须给孩子引导，打开孩子的心结。只有让孩子感受到父母的关爱和温暖，孩子才有勇气走出去，改变被孤立的现状。

深度剖析：
为什么孩子会被社交孤立

孩子被孤立的现象经常发生，其根源是，在学校的集体生活中，孩子们处理事情的方式不同，导致孩子的行为模式不同，那些行为怪异的孩子就会被其他孩子排斥，别人不愿意与他做朋友，在无形之中就被同学孤立了。

卓雅婷今年读四年级。自从进入小学之后，卓雅婷过得很不开心。她说话时有点口吃，有时发音会很不标准，因为这个缺陷，经常有同学取笑她。活动中，没有同学愿意跟她搭档。甚至有同学给她取了个外号叫"大舌头"。这严重地伤害到了卓雅婷。因为无法融入集体，卓雅婷产生了厌学心理，多次跟父母说不想读书了。卓雅婷的成绩自然越来越差。她越是如此，就越没有同学和她玩。

事实上，卓雅婷说话不标准、口吃，只是引起了部分孩子的好奇。孩子的思想都是很单纯的，见到新奇的事物时总爱寻根问底。当他们发现卓雅婷在说话上与他们不同时，就会有看热闹的心理出现。最终导致卓雅婷极度不自信，成绩变差，同学都不愿意跟她玩。

卓雅婷有先天性的缺陷，纵然缺陷可能无法弥补，但是父母应当帮助她重塑信心。最直接的做法是让她看到自己的长处，比如卓雅婷的手工做得好，父母可以着重培养她的动手能力，让她多做事，少说话。这样一来，卓雅婷就会慢慢自信起来，同学们也会觉得卓雅婷是一个可以信赖的人，因为卓雅婷做的总是比说的多。

孩子被同学孤立的原因是多种多样的，但是所产生的结果是相同的。很多父母想不明白，明明自己的孩子与其他孩子没什么不同，为什么会被同学孤立呢？事实上，孩子在校园生活中，会遇到一些父母完全想不到的事，比如孩子不擅长玩篮球，就会被那些喜欢玩篮球的同学赶走。面对这种情况，如果孩子心理素质不够强大，会慢慢产生社交恐惧。

孩子会被社交孤立，主要有以下一些原因：

1. 与同学交往的过程中产生负面情绪

在与同学交往时，有些孩子会产生不适的症状，如头痛、手心出汗、恶心呕吐、胸口发闷、不停地颤抖、害怕等现象。他们不愿让同学知道这些，尽量避免与同学接触，表现得十分孤僻。正因如此，孩子感受到了极大的痛苦，身体上的症状让他排斥交流，不愿意主动结交朋友，甚至当其他同学接近他时，也会感到极度的不自在。如果是这样，孩子很可能会被孤立起来，因为没有同学看得起他，愿意与他做朋友。

2. 负面的评价是每个孩子都担心的事

孩子在生活中难免会犯错误，在学校里也是如此，例如拖地时不小心把水洒多了、上课答题不正确等。这些错误可能会让孩子得到一些不好的评价，比如"连地都扫不好""这道题都不会，真笨"等。孩子面对这些评价时，会表现得非常糟糕，因为父母平时没有教会他们如何应对。

事实上，每个孩子都害怕听到负面的评价。孩子的自尊心让他对这种评价极为敏感。如果孩子在意这些评价，就会选择性地进行社交回避，以保证自己不犯错误。但是这种做法是不正确的，因为回避社交会弱化孩子的社交能力，导致孩子无法正常结交朋友。最终孩子的朋友越来越少，孩子本身也无法融入集体。

3. 如果没有正确的引导，害怕与逃避是孩子唯一的选择

当被同学嘲笑时，孩子的情绪会变得很差，自己生闷气。不仅如此，孩子会选择逃避，碰见那些嘲笑过他的同学时会躲得远远的，更不可能主动上去打招呼。孩子对社交的认识会产生偏差，尤其在一些尴尬的场景，比如在商场与同学偶遇时，会选择避开。这种避让的行为就是一种社交恐惧，意味着孩子不懂得如何与同学相处。

长此以往，孩子的情绪会越来越差，长时间压抑在心里，总会在某一时刻通过剧烈的情绪爆发——哭泣、恐慌、自残等极端行为——来表达自己的愤怒。这种行为的出现意味着孩子所遇到的问题已经十分严重了，父母应当及时跟孩子交谈，或者带孩子看心理医生。

4. 不对等的交往会让孩子失去自尊

每一个孩子都渴望融入集体。为了融入集体，孩子可以无限降低自身的需求，比如为了和同学玩猫捉老鼠的游戏，孩子故意选择扮老鼠，而不是正常性地接受安排。因为害怕同学不跟他玩，所以孩子选择了退让。这种行为弱化了自身的需求，导致孩子在同学面前处于天然的劣势。

这种不对等的交往方式，会让孩子对交友产生错误的理解，通过取悦他人，忽略自身的体验，只会陷入无尽的痛苦当中。因为无法感受到快乐，孩子会产生逆反的社交心理。

当然，孩子被社交孤立的原因有很多，但不管是什么原因，事实就是孩子在学校的交友活动很不顺利，急需正确的引导和帮助，父母必须尽快帮助孩子改变现状，让他感受到校园生活的乐趣。

生活中，
那些可能被忽略的社交孤立

在社交孤立上，孩子或多或少会表现出一些相同的特征，具体体现在害羞、焦虑、害怕负面的评价、拥有强烈的自我意识，甚至对生活产生恐惧等方面。

父母可能注意到一些事情，比如孩子在参加不熟悉的社交活动时，表现得十分害羞，躲在父母后面，不敢站上前。对于这种现象，父母觉得孩子从小就认生，是再正常不过的事情，并没有放在心上。事实上，孩子的这些行为透露出一个极其危险的信号：孩子不擅长社交。

如果真是如此，那么孩子在学校可能不知道如何处理与同学之间的关系，面对陌生的集体不知道如何融入，游离在集体之外，最终被同学孤立，成为被欺负的对象。

没有哪一个孩子天生喜欢欺负人，但是孩子拥有一种天性，致使孩子会对其他孩子产生"非恶意"的伤害，比如辱骂、吐口水、踢打等。假如被欺负的孩子不知道如何应对伤害，可能会助长施加伤害者的气焰，不利于孩子的成长。

如果孩子过于羞涩，显得比较文静，那么就需要父母不断地强化意识，让他们大方起来。如果孩子进入状态比较慢，那么就需要父母不断地沟通，耐心地教导，通过鼓励增强孩子的交友意识。如果孩子成绩优秀，在学校容易成为同学嫉妒的对象，那么父母就要告诉孩子不要总是以自我为中心，收敛锋芒并不是坏事。

佟少华是一个十分聪明的孩子，刚升上四年级，十分讨同学喜欢。佟少华不仅学习成绩好，还喜欢跑步，因此结交了很多朋友。越是如此，他就越担心自己会犯错。有时候老师在课堂上提问，他明明知道正确答案，也不敢举手回答，害怕回答错了会被同学取笑。如果在一场考试中不小心做错了一道题，他会很自责，情绪很差。他渴望每个人都能喜欢他，因此变得害怕和谨慎。这种优秀成为他的心理负担，最终让他陷入了自我否定的怪圈。

每个人都害怕犯错。其实，犯错并不是什么严重的事，严重的是因为害怕犯错而改变自己的性格。佟少华聪明、肯学习，却害怕犯错。这成为他的心理负担，父母需要及时引导他正确认识错误，让他明白，就算答错了也没关系，一个人虽然

需要优秀，但更需要有直面错误的勇气。

像佟少华这样的例子在生活中比比皆是，几乎每一个孩子会有这样的担忧。孩子心智不健全，看待问题不像大人那样成熟。他们只知道这道题不能做错，如果做错了就是自己不行，从来不会想做错了也没有关系，只要下次不再做错就行了。

孩子害怕犯错是因为他们内心的表现欲、自我意识比较强。当孩子过于在意别人的看法时，会对自己要求得更加严格。这样一来，孩子的心理承受能力反而会越来越弱。对他们而言，失败的恐惧感非常强烈，远远超出了我们的想象。他们因为害怕失败而拒绝展现自我，一想到自己要上台表演，就会极度恐慌和不安；一想到自己在考试中做错了算术题，就会沮丧和焦躁。

所以，当父母发现这些问题时，一定要告诉他们尽力就好，只要拿出了自己的真实水平，即使结果不理想也没有关系。父母尽量不要让孩子过于关注成绩，要知道成绩并不是决定孩子未来的唯一标准。父母必须减轻孩子在成绩上的压力，让他们全面发展。

事实上，儿童和青少年的社交孤立、不爱交际的现象目前在中小学里十分普遍，每个年级总有一两个孩子显得不那么合群。本来孩子之间的差距并不大，但社交孤立的孩子抗拒社交活动，带着强烈的焦虑、不喜欢参加集体活动，或者直接选择逃避，最终离集体越来越远。

很多父母可能已经注意到孩子不愿意走亲戚，每次听说去亲戚家时，总是习惯性逃避，或找各种各样的理由拒绝。对于集体活动，孩子产生强烈的抵触心理，产生极度的恐慌，甚至产生焦虑的情绪，突然大发脾气。无论如何，父母一定要把孩子带出去，让孩子多出去走走看看，而不是闷在家里，那样孩子的性格会越来越孤僻。

孩子不喜欢社交，父母必须要用实际行动改变孩子，多让孩子与人接触，帮助他结交一两个朋友。有了朋友，孩子感觉到快乐之后，就会主动走出去，结识更多的朋友。

正确了解情况，
理解孩子所处的环境

在帮助孩子解决社交孤立的症状时，父母应当理解孩子所处的环境，不要想当然地认为孩子应该怎么样，不应该怎么样。因为孩子所处的环境对孩子将来的成长至关重要。

父母虽然能在很大程度上帮助孩子解决生活中遇到的一些小问题，但更重要的是要理解孩子，给予孩子足够的信心和支持，让孩子学会自己面对困难。当同学嘲笑他时，父母要及时开导，化解他心里的苦闷；当同学不愿意跟他玩时，父母要想出切实可行的方法，帮助孩子结交朋友。

学校不仅是孩子学习知识的地方，更是孩子成长过程中非常重要的场所。孩子的性格是在读书期间建立起来的。如果孩子不懂得如何融入集体，与外界隔离，那么他的成长就会受到限制。他所做的原本是一件很普通的事，却在不知不觉中被同学孤立了。

陈刚就读于外国语学校的附属小学，父母均是国企高管，家庭条件比较好，他又是家里的独子，有什么好东西都是他一个人享受。父母的过度疼爱让陈刚养成了霸道的性格，在班上总是以大欺小，不知道尊重同学，因而所有的同学都怕他。

有一次，陈刚抢了同桌新买的玩具，同桌想要抢回来，反而被陈刚推到了地上。老师将陈刚叫到办公室，严厉地批评了他，没想到陈刚不仅不接受批评，还与老师对着干。正因为陈刚的这些行为，班上没有同学愿意跟他玩，他也交不到朋友，总是孤零零的。

陈刚因为霸道被同学孤立，如果不改变自己，很难再融入到集体当中。陈刚的性格是父母过度宠爱造成的，他因为在家独享惯了，进入学校后也会是这种性格。想要陈刚做出改变，陈刚父母必须先改变以往的教育方式。比如孩子喜欢吃的东西，父母不能让孩子独享，而是大家分着吃，让孩子体会到分享的乐趣。有些事情让孩子自己来做，比如早上起床时，鼓励孩子自己穿衣服、叠被子等。

孩子所处的环境相对社会来说要简单得多，那些不愿意开口说话、不懂得表达自己想法和情绪的孩子，总是会成为同学取笑或欺负的对象。父母不要觉得孩子被同学排斥就是同学的错，很可能更多的原因在孩子身上。纵然可以通过转学暂时达到帮助孩子的目的，但根源并没有解决，到了新的环境，孩子还是一样会被孤立。

其实孤立的发生具有很大的随机性。群体是盲目的，不可能刻意针对某一个人，只是孩子在处理事情时，因为方法和方式不对，才渐渐成为被孤立的对象。那么该如何解决这个问题呢？

父母要摆正一个观念，那就是所谓的"恶"。孩子被同学欺负了，同学是错的——但是并不是恶意的——父母觉得孩子遇到了"邪恶"的同学，于是帮他转学。但其实换一个环境并不能解决问题，因为问题的根源并不在这里。

虽然孩子所生活的环境发生了改变，但是孩子仍然可能成为同学孤立的对象。因为那些孤立别人的同学虽然做错了，但是并非怀有恶意。当孩子来到新的环境，因为不善言辞，不懂得交流，仍然会被新的同学孤立。因为孩子本身不具备融入环境的能力。

父母应该培养孩子的积极性，让他看到人性善良的一面，通过对学校生活的合理建设，帮助孩子认识到校园生活的乐趣。如果仍然发生一些不愉快的事，父母应试着让孩子学会接受，把这些不愉快作为人生道路上必须经受的考验。毕竟人生不可能事事如意，而痛苦也是培养孩子心理承受能力的重要手段之一。

如果孩子能够心平气和地面对同学的指责和讥笑，不把它当作一种歧视，用宽广的胸怀迎接每一天，那么那些不愉快的事都会成为过去。如果有些事情造成的伤害太深，那么父母要给予孩子足够的关爱，体会孩子的痛苦，理解孩子的处境，让孩子不再害怕。遇到困难和挫折时，父母的鼓励是孩子最大的动力。

当然，改变不是说来就来，总归需要一个过程，这时父母的耐心很关键。如果父母今天鼓励孩子，明天就不鼓励了，让孩子随波逐流，这样孩子是不可能发生改变的。父母本身都不懂得坚持的意义，孩子更不可能懂得坚持。所以父母想要改变孩子，先要改变自己，以身作则，才能起到应有的作用。

世界上没有绝对的恶，也没有绝对的善，孩子难免会有认知上的偏差，当被同学欺负时，会产生极大的心理负担。及时帮助孩子化解这些负担，同时教孩子正确面对生活中的不如意的事情，这样才能帮助孩子成长并建立完善的人格。

大数据显示，在影响一个人成功的众多因素中，
智力水平和技术高低只占15%，
更多的因素在于人的人际关系处理能力和社交能力。

第二章

面对被同学孤立的孩子，
你要及时给予家庭的温暖

你是否读懂了
孩子的需求

父母是孩子的第一任老师，一对好的父母能培养出一个懂事听话的孩子。有一些父母不合格，因为他们并不了解自己的孩子，也没有读懂孩子的真正需求。

孩子总是对新鲜事物充满好奇，渴望被关注，希望父母能陪自己聊聊天、说说话。父母如果读不懂这些信号，反而将它当作无理取闹，不愿意陪孩子谈心，长此以往，对孩子产生的伤害是巨大的，甚至会影响到孩子的交际能力。

四年级的刘燕妮最近遇到了烦心事。她原本是一个活泼好动的孩子，因为长得比同龄人要胖，班上的同学总是取笑她，给她取了非常难听的外号"肥婆"。刘燕妮很委屈。回到家后，她跟妈妈说起这事，妈妈因为要做家务，非但没有安慰她，反而责怪她平时吃得太多。刘燕妮自信心受到了极大的打击，再也不像以前那样开朗了。在上体育课或是舞蹈课时，她离大家远远的，无论老师怎么劝说，就是不肯加入。渐渐地，刘燕妮越来越孤僻，一些原来喜欢的活动也不参加了，总是一个人待着。

刘燕妮将内心的苦恼说给妈妈听，是希望得到妈妈的安慰，然而妈妈的做法将她推向了孤僻的深渊。父母需要工作，需要忙家务，每天有做不完的事，哪有时间来管孩子。可是父母不管孩子，谁来管孩子？在孩子还小的时候，父母可以管教，当孩子长大以后，父母就是想管也管不了了。

有时候，孩子主动找父母聊天，透露的是一种交流的欲望。他们渴望父母能静下心来听一听他们经历的事。如果父母没有读懂这些信号，仍然用大人的思维思考问题，对孩子的诉求置之不理，孩子得不到满足，就会觉得自己真的那么差，从而产生自卑心理。

每个人都有表达的欲望，特别是经历有趣的事情时，希望有人能和自己分享。孩子也会释放出强烈的社交信号，希望能引起父母的重视，和父母聊一会儿天。这就需要父母拥有敏锐的觉察力，无论多忙多累，当孩子释放这样的信号时，一定要抽点时间陪孩子聊聊天。

如果父母当时很忙，确实抽不出时间，那么要真诚地告诉孩子："妈妈（爸爸）现在有很多事要做，你先到一边去玩，一会儿妈妈（爸爸）忙完了，再陪你聊天。"当忙完手里的事之后，父母一定要兑现承诺，主动去找孩子聊天，认真听听他在学校里发生的事。

心理研究表明，孩子也拥有倾诉的欲望。这是人的本性，无论孩子多大，都会渴望表达自己的想法。社会交往是一种非常重要的渴望。孩子的社会交往除了与同学之间的交流外，还包括与长辈之间的沟通。

事实上，很多孩子在父母拒绝自己的要求后，会默默地走开，但是会将一切都埋藏在心底，形成极大的心理负担。这种负担不仅会影响到孩子与父母的感情，还会影响到孩子的自信心。孩子会因此对社交产生厌恶，在他们看来，连父母都不愿意与自己沟通，其他小朋友肯定也不会愿意。特别是之后有同学拒绝他们时，这种心态就会表现得更加明显。

当孩子表露出社交需求时，我们应试着与孩子聊一会儿天。孩子其实很容易满足，简单地聊几句他们就会感到满足。不仅如此，在教育孩子时，父母不能一味地强调学习的重要性，也可以多和孩子说说自己当年读书时的趣事。父母的这些做法会让孩子的内心得到极大的满足，社交能力也会跟着变强。

不仅如此，孩子还会有这样的想法：当父母不理自己时，故意做错一些事情，让父母生气，引起父母的关注。这种通过犯错来引起父母注意的行为，会让孩子养成犯错的习惯，成为父母眼中的"调皮蛋"。父母遇到这种情况时，一定要静下心来，弄清楚孩子是不是故意犯错，如果是，可以停下手里的事，坐下来与孩子聊一会儿天。我们一定要让孩子明白，故意犯错的行为不可取。

平时，父母要多鼓励孩子表达自己的诉求，特别是当父母没有读懂孩子的需求时，要让孩子主动提出要求，比如教会孩子说"妈妈，陪我聊会儿天"这样的话。当孩子主动说出这些话时，说明他的需求非常强烈，代表着孩子敢于表达自己，父母应该给予足够的理解。

与孩子交流时，父母要有耐心，哪怕孩子说的是一些小事情，也要有兴趣听下去，与孩子进行互动，追问孩子所经历的事。孩子见父母兴趣很浓，会表现得更加活跃。

孩子的精神需求是非常强烈的，尤其在成长阶段，他们对很多事情没有正确的判断。当他们社交需求得不到满足时，就会慢慢封闭自我，心灵受到伤害，最后变得沉默寡言。

放学后，父母可以主动抽时间陪孩子聊天，多问问孩子在学校里发生的趣事，多关心孩子的生活，以此培养孩子社交的积极性和主动性。

孩子会社交，
父母的引导很重要

有外人在场时，不同的孩子有不同的表现。有的孩子在外人面前不怎么讲话，躲在父母后面不敢站到前面来；有的孩子则恰恰相反，拉着别人说个不停，明明不是很"熟"，却和对方玩起了游戏。这两种孩子的本质区别在于：前者不懂社交，后者喜欢社交。

孩子不懂社交，就不擅长表现自己，生活在自己的小天地里。可能父母对此并不在意，觉得孩子长大后慢慢就会变好。但是不会社交的孩子，将来也可能不会社交，因为孩子的社交能力在很大程度上离不开父母的引导。

在中国，绝大多数父母希望孩子成绩好，将来考上好的中学、大学，却从来没有想过帮孩子建立完善的人格、培养良好的社交能力。孩子的好习惯、好性格、好品行、好成绩等都离不开社交。因为孩子在学校里必然要面临如何与同学打交道的问题，必须学会融入集体，而不是游离在集体之外。

大数据显示，在决定一个人成功的众多因素中，智力水平和技术高低只占15%，更多的因素在于人的人际关系处理能力和社交能力。有一句话说得好："你将来结识什么样的朋友，就会处于什么样的位置。"

社交能力需要从小培养。

今年刚满六岁的明明被父母托关系送到市里最好的小学。因为担心明明在学校的情况，明明妈妈留意了一段时间，意外地发现明明在班上一点也不合群。

当其他小朋友一起做游戏时，明明就在一旁看着，并不加入，有时候会跟着一起大笑。如果有小朋友拉他参加游戏，他就会立即跑开。上体育课时，明明对团体运动一点兴趣也没有，不是自己在操场闲逛，就是一个人对着墙打羽毛球。

不仅如此，老师也跟明明妈妈反映，明明在课堂上的表现也不活跃，很少举手发言，即使被老师点到，说话也是支支吾吾的，根本不会表达。

原来，明明妈妈对他的照顾无微不至，生活和学习用品都帮他准备好。正因为妈妈细致入微的照顾，明明很少向妈妈要求什么，渐渐习惯了听从妈妈的安排。当明明进入小学后，要独自面对生活时，才会不知所措，变成一个"独行侠"。

在教养明明时，明明妈妈犯了一个严重的错误，就是包办了明明生活中的一切事务，因而忽略了对明明社交能力的培养。当明明需要什么东西时，比如老师要求买的作业本或辅导书，明明妈妈担心明明说不清楚，主动打电话问老师，而不是让明明自己说出来。虽然这种做法是出于对孩子的关心和保护，却显露出了孩子社交上的弱势。

懂得社交的孩子通常在学校的人际关系好，自信、开朗，愿意接触更多的人、更多的知识，这样从小就打下了良好的基础。父母总觉得孩子天生就是社交高手，因为两个孩子会不自觉地一起玩起来，然而父母忘记了孩子的家庭环境、生活环境等因素会直接影响孩子的交际能力。

从进入小学开始，孩子的交际能力开始不断退化，学业的加重、作业的增多让孩子没有太多精力去结识新的朋友。为此父母必须在日常生活中给予孩子正确的引导，锻炼孩子的社交能力。

1. 鼓励孩子表达自己的想法

社交首先是从表达开始的，无论是大人还是孩子，都应该主动表达自己的观点和想法。遇到问题时，父母应当鼓励孩子主动讲出来，如果孩子不肯讲，父母要不断地引导。孩子担心讲错了受到惩罚，父母要告诉他说错了也不要紧，但是一定要说出来。只有善于表达的孩子，才能拥有强烈的交际欲望。

2. 引导孩子关心身边的人和事

社会是由人组成的，人不可能只生活在自己的世界里。孩子存在一个自我意识苏醒的过程，这段时间里孩子会对外界保持高度的敏锐性，当自己的行为与他人有所不同时，就会产生自我怀疑。这时父母就是引导者，让孩子认识到自己的优点。比如，孩子说话口吃，会因此产生自卑的心理，这时父母不仅

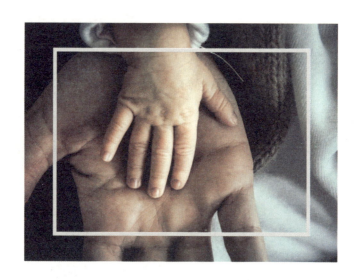

要帮助孩子矫正口吃的毛病，还要善于发现孩子的特长，有意识地培养孩子的兴趣爱好。

3. 让孩子静下心来听别人说

很多孩子拥有强烈的表达欲望，在交际时会叽叽喳喳地说个不停，完全不给别人开口的机会，这种做法是错误的。人在交流时除了会说，还要会倾听。如果父母在家里发现孩子一直讲个不停，要想办法打断孩子，告诉孩子这样做是不正确的，要给别人说话的机会。如果孩子不听，父母可以让孩子尝尝相似的滋味。具体做法就是当孩子很想表达时，父母一直说话，不给孩子说的机会。孩子有了类似的感受，父母再引入倾听的教育，孩子就更容易接受了。

4. 以共同的兴趣寻找更多志同道合的人

每个孩子都有自己擅长或喜欢的东西，父母应当培养孩子的兴趣爱好，他会因此结识许多志同道合的朋友。比如帮孩子报围棋班、书法班、钢琴班等能让孩子的兴趣得到进一步发展。孩子有了特长，就会显得与众不同。兴趣爱好能把孩子与其他孩子连接起来，建立牢固的友谊。

5. 乐于助人是孩子最重要的品行

自私的孩子是结交不到朋友的。父母要从小教育孩子乐于帮助他人，而不是自私自利，尤其当同学需要帮助的时候。在班上，有的同学可能粗心大意忘了带橡皮，孩子可以主动将橡皮借给同学。孩子的世界观很简单，今天你帮助我，明天我就帮助你。孩子帮助的人越多，帮助他的人也就越多。

6. 鼓励孩子与他人分享

在现代家庭中，绝大多数孩子独享好东西，因为家里没有人与他争，所以好的东西都是他自己的。孩子上学后有些东西就不能独享了，对于从家里带的零食，父母应当鼓励孩子与好朋友一起分享，而不是一个人吃完。如果条件允许，父母可以帮孩子准备两份零食，这样孩子更愿意分享。通过分享，孩子会感受到前所未有的快乐。

当孩子踏入社会时，需要面对更多的人、更多的事，社交能力尤为重要。孩子的社交能力需要每一位家长的悉心教导。懂得社交的孩子，童年生活会更加健康快乐。

从体察情绪开始，
一步一步教会孩子有效社交

现在，大多数孩子是在父母和爷爷奶奶的呵护下成长的。正因为受到了过多的关爱，孩子会认为一切都是理所当然的事，在考虑问题时总是从自身的角度出发，很少顾及他人的感受。有这种想法的孩子在幼儿园或小学里，很难结交到朋友，因为他太在乎自己的情绪，不懂得体察他人的情绪，这样很容易引发矛盾。

关于体察情绪，著名主持人蔡康永提出过一个有意思的观点，就是情绪的颗粒度。所谓情绪的颗粒度就是精确分析情绪的细腻程度，比如愤怒，里面包含着不同层次的情绪体验。

比如孩子在网上看到一件特别喜欢的玩具，每天放学回来都会找出来看一会儿，因为实在太喜欢了，所以会忍不住想要多看几眼。一段时间过去了，孩子终于忍不住想要买下玩具，妈妈也同意了，可是在下单的时候，玩具突然下架了。

这时候，分析孩子的情绪就显得格外重要。孩子肯定感到难过，这种难过是怎样的难过呢？这里就有几个层次，第一种难过是因为没有买到玩具；第二种是明明可以早点购买，却一拖再拖，导致没有买到，孩子感到非常失望，这是自责的难过；第三种是渴望没有得到满足，内心突然变得空虚，孩子因此感到难过。

孩子如果不能分清楚这种情绪，那么就没有办法解决问题。因为没有买到玩具而难过，孩子可以再选择一样自己喜欢的东西，就能感受到快乐了。如果是自责的难过，孩子可以告诉自己，以后遇到喜欢的东西立即购买。如果是因为空虚而难过，孩子可以做一些能让自己感到快乐的事情来化解。

生活中，体察情绪非常重要，孩子不仅要懂得体察自己的情绪，还要正确体察他人的情绪，朋友间更是如此。

　　读三年级的诗诗和梦梦在体育课上吵了起来。她们被分到一组玩篮球，当诗诗把球传给梦梦后，梦梦一个人拍来拍去，玩得很开心。

诗诗说："把球传给我，我也要拍一会儿。"

梦梦却说："这是我的球，不给你玩。"

诗诗很生气，冲过去就要抢球。见状，梦梦故意将球扔得很远。诗诗好不容易把球捡了回来，梦梦突然从后面把诗诗推倒，将球抢过去，跑开了。

梦梦是自私的，因为她只想到自己，没有想到他人。一个人将篮球拍来拍去固然好玩，但是篮球从本质上讲是一项团体运动，两个人相互传球更有意义，通过相互之间的配合，更能锻炼两个人之间的默契度。梦梦如果不做出改变，是很难交到朋友的。

朋友之间的情谊是相互的，对于一个不懂得体谅他人情绪的人，别人也不会顾及他的感受。体察情绪可以通过细致的观察，发现对方的情绪变化。有时候，父母要让孩子站在他人的角度考虑事情。

生活中这样的例子比比皆是。比如邻居家的孩子来家里玩时，与孩子一起看电视，邻居家的孩子想看动画片，但是孩子想看综艺节目。面对这个矛盾，父母可以让孩子细心观察，如果邻居家的孩子情绪特别大，说明他很想看动画片，远来是客，孩子应当做出让步；如果对方很平静，说明他并不是很想看动画片，综艺节目也可以接受，那么就可以一起观看综艺节目。

平时父母也可以直接向孩子表达自己的感受，比如孩子调皮时，妈妈可以直接告诉孩子："你这样做妈妈很生气。"如果孩子没有反应，仍然我行我素，妈妈就要注意了，这说明孩子太过注重自我，需要改变。

情商就是人的情绪管理。情商高的人不仅懂得控制自己的情绪，还善于察觉他人的情绪，从而针对性地做出改善。那些情商低的人就是只顾自己，不顾他人。体察他人的情绪就是情商高的表现，需要父母从小培养。

角色转化能帮助孩子体会他人的心情。当孩子学会了角色转化，就能体会他人的心情，这意味着孩子渐渐长大了。因为孩子能理解别人的悲伤、快乐和痛苦，而不是什么都感受不到。如果孩子拥有体察他人情绪的能力，那么他心思将更加细腻，处处为他人着想，给别人带去更多的温暖，从而拥有更加宽广的社交圈。

要想让孩子能体察别人的情绪，父母要先懂得察觉孩子的情绪。有些父母觉得孩子还小，没有什么情绪可言，其实不然。孩子与成人一样，也有情绪，当遇到不快乐的事情时，会感到悲伤、难过。当孩子不高兴时，父母要让孩子明白这是悲伤的感受；当孩子高兴时，要让孩子明白这是愉悦的感受。记住这些感受，孩子才能明白情绪的意义。

同时，父母要引导孩子思考，保持对情绪的敏感度。当孩子在一些事情上想不明白时，父母可以适当地以假设的方式进行引导。比如，假如这件事发生在孩子身上，他会不会很生气？孩子顺着父母的假设考虑问题：换作是他，他也会很难过、很生气。如此一来，孩子对他人的情绪更加敏感，便能理解他人的喜怒哀乐，并做出积极的回应。

科学研究表明，孩子在妈妈体内蠕动——胎动——时就表现出了对外界刺激的反应。这就是一种社交的体现，因为对于外界的刺激，孩子懂得回应。当爸爸抚摸妈妈的肚子时，孩子会做出一定的反应。所以父母一定要重视孩子的社交。那些善于社交的孩子，都是父母从小培养出来的。

父母通过实际行动培养他们体察情绪的能力，让他们站在不同的角度考虑问题，通过对情绪的控制，用平和宽容的心态建立良好的人际关系，获得更多的友谊。

陪孩子成长，
借助亲子游戏提升孩子的交际力

越来越多的案例显示，经常与父母进行亲子活动的孩子，其交际能力远比其他孩子要强。在亲子活动中，孩子在与父母的相处中会学会很多东西。孩子表面上在玩游戏，实际上会留意并模仿父母的一举一动。比如孩子会观察父母如何与人打招呼，如何通过沟通解决矛盾，这些都是孩子学习的模板。

父母陪孩子的时间越多，孩子的内心就越活跃。

留守儿童张诗雅从小跟奶奶一起生活，奶奶是村里出了名的"麻友"，每天下午都会去茶馆打牌。张诗雅就是在这种环境下成长的，奶奶打麻将，她就看奶奶打麻将，很小就会认麻将牌。

张诗雅与大人相处惯了，性格非常霸道，读幼儿园时经常与小朋友打架，很多小朋友打不过她。老师跟奶奶反映过很多次这个问题，奶奶不以为然，反而觉得这样很好。有了奶奶的支持，张诗雅更加霸道了，一不如意就动手打人。

在一年级选学校时，妈妈帮张诗雅找了所不错的小学，但是不到半年时间，诗雅就被学校点名批评过好几次。一年级下学期时，诗雅因为打伤了同学，学校不得不对其进行劝退处理。

张诗雅的问题主要是环境造成的，在茶馆那种复杂的环境里，张诗雅学到的便是一身痞子气。而且张诗雅没有与同龄人相处的条件，错过了提升社交能力的最佳时期。像张诗雅这样的孩子还有很多，留守儿童的问题所反映出来的是复杂的社会问题。

父母的陪伴对孩子的成长至关重要。父母与孩子的互动可以通过运动来进行，比如一起打篮球、跑步、玩耍等。这些活动看似无足轻重，实际上对孩子的影响非常大，运动不仅能刺激孩子的身体发育，还能让孩子的性格变得活泼起来。如果条件允许，爸爸可以适当带孩子去打一会儿篮球，不需要有太多交流，只是在传球的过程中，亲子关系就会得到很大的提升。

现在的父母为了提高孩子的成绩，帮孩子报各种各样的补习班，殊不知，在无形中增加孩子的压力，远不如多抽点时间来陪孩子。正如《银河补习班》里所表现的，虽然妈妈让孩子进了最好的初中，但是由于缺乏陪伴，孩子成绩长期处于倒数第一。当邓超饰演的父亲出狱后，将孩子带在身边，孩子身上的很多问题就迎刃而解了。

父母是孩子一生之中最重要的引路人，一言一行都会直接影响孩子的成长。陪伴看似简单，却很难做到。有质量的陪伴才能体现出价值。很多父母虽然是陪孩子，却是在玩手机，孩子在身边转来转去，父母反而觉得心烦意乱。这样的陪伴下，孩子如何能感受到爱呢？那么父母应当怎样做呢？

1. 抽个时间，与孩子谈谈为什么要交际

孩子对交际的理解可能与父母理解的存在着一定的偏差，甚至不重视交际的影响力。当孩子不愿意结交朋友时，父母要静下心来与孩子好好谈一谈人为什么要进行交际，可以从假设

入手，比如若不懂得社交会，一个很小的矛盾可能深化成一个巨大的矛盾。让孩子思考交际的重要性，这样孩子才会自发地改变。

2. 与孩子一起设定一个可执行的目标

目标的设定能让孩子更有执行的动力。当然，设定的目标一定要根据孩子的实际情况来选择，不能设定得过高，父母要充分考虑到孩子的执行力。比如让孩子自己选择交流的目标，父母在一旁出主意，鼓励孩子，让孩子自己尝试。如果失败了，父母一定要帮助孩子总结原因，找出问题所在。

3. 通过观察，对目标进行调整

在孩子执行目标时，父母不能置身事外，要留意孩子的一举一动，观察孩子能否完成目标。如果孩子无法完成目标，那么父母要及时降低要求。设定目标的目的是帮助孩子建立自信心，而不是摧毁他的信心，不要以为降低了要求，效果就会打折扣。相反，当孩子完成一个目标后，会体验到前所未有的成就感，这种感觉会为他带来更多的自信。

4. 每天检查孩子的完成情况，与孩子一同分析问题

父母每天都要与孩子一起检查：今天完成了哪些，有哪

些可以做到却没有做到，明天要如何进行改进，等等。刚开始时父母要陪着孩子一起找问题，如此反复引导几次，等孩子熟悉过程之后，就可以让孩子自己进行了，在一旁监督即可。另外，解决问题时，父母要多听孩子的意见，而不是把自己的想法强加在孩子身上。

5. 孩子完成目标后，给予一定的奖励

孩子终于完成了自己的目标，这是一个漫长又有挑战性的过程。看到孩子的进步，父母不能无动于衷，应当给予孩子一定的奖励。这个奖励一定要事先说好，可以是孩子喜欢的玩具、想要的图书，或是多看一会儿平板电脑等。当孩子得到奖励时，会拥有成功的喜悦感，这样会激励孩子更加努力地完成下一个目标。

这时你会发现，孩子的成长变得非常迅速，他们慢慢建立起信心，慢慢变得开朗，慢慢对身边的事物感到好奇，愿意走出去结识更多的朋友，童年会更加快乐。

别再把孩子关在家里，
多带他出去走走

对父母而言，最头疼的莫过于孩子放假，因为每到假期，孩子会提各种各样的要求，比如"妈妈，今天带我去游乐园""妈妈，我想去划船""妈妈，我想去旅游"，等等。父母本身工作了一周，好不容易有时间休息，却要陪孩子做这做那，心里难免会产生怨言。

事实上，把孩子关在家里对孩子的成长极其不利。孩子和大人不同，看到的东西远不如大人多，总会对新鲜事物产生好奇心。比如，他们想知道大熊猫是怎样吃竹子的，想看看企鹅游泳的样子，想看看老虎是不是真的如书上所说的那样凶猛。对孩子而言，这些是新鲜的，是充满趣味的，他们渴望接触这些东西。

父母平时要多带孩子出去走走，让孩子多感受一下大自然的奇妙，让孩子有机会与人接触。孩子与人接触越多，性格会越开朗。

柳俊今年九岁，是班上的"智慧果"，很多小朋友愿意跟他一起玩。因为柳俊知道的东西很多，小朋友有不懂的都可以问他，就连老师也很好奇柳俊怎么知道这么多东西。其实这与柳俊的父母有莫大的关系。

每当柳俊放假时，父母就会带着他出去玩，这个星期去爬山，下个星期去海洋馆，再下个星期去郊游。在一次又一次的旅游中，柳俊的见识得到了很大的增长，人也越来越勇敢。现在很多事情不需要妈妈提醒，他会主动去做。

其实柳俊之前也很内向，不喜欢交流。后来父母带他去旅游，鼓励他去问路，告诉他与人打招呼的方式。在一次又一次的培养和训练中，柳俊越来越开朗，再也不害怕与人交流了。

柳俊的改变正是从父母带他出去游玩开始的。父母创造条件让柳俊与陌生人接触，柳俊的心扉才会逐渐打开，他从害怕与人打交道到主动与人聊天，从不会社交到成为社交达人。因为关在家里孩子得不到锻炼，只有走出去，才有提升的可能。

现在，每一个孩子都在父母的呵护下成长，父母恨不得帮孩子把一切处理好。殊不知，孩子总有一天要离开父母，独自面对生活。如果父母不培养孩子的自主能力，不教会他们如何与人相处，那么孩子就会永远生活在自己的小世界里，不可能成长起来。

父母不仅要懂得如何养孩子，还要懂得如何教孩子。授人以鱼，不如授人以渔，教会孩子生存的本领比什么都重要。孩子社交能力的提升需要父母创造机会，如果父母不愿放手让孩子去闯、独自去应对，孩子就无法独立。最直接有效的办法是让孩子多看看外面的世界，试着和陌生人打交道。

没有人一出生就是强者，强者都是通过一点一滴的小事成长起来的。父母观念的转变会让孩子受益一生。

父母害怕孩子遇到挫折后，自信心受到打击，可是不经历挫折，如何成长？挫折并不可怕，可怕的是孩子连闯的勇气都没有。把孩子关在家里，固然一切都是好的，但这样会扼杀孩子的社交能力。孩子需要社交，需要增长见识，在家里只会渐渐失去灵性，越来越内向。读万卷书不如行万里路，走出去的人才会知道世界的广阔。

而且父母要鼓励孩子说出自己的想法，比如在周末来临时，问孩子这周想要去哪里玩，在条件允许的情况下，尊重孩子的意见，满足孩子的愿望。这样，孩子的沟通欲望会更加强烈。旅行中遇到不懂的事，比如找不到方向时，父母可以让孩子自己想办法，培养孩子利用环境的能力。当然，父母要给予孩子足够的帮助，

当然，孩子的成长不能只靠旅行，父母还要鼓励孩子多读书，告诉孩子如何利用书籍，在书籍里找到自己想要的东西。如此一来，孩子无论在见识上还是学识上都会越来越丰富，与人交流时，不再拘谨和不知所措。

只有在人多的地方，孩子才可能得到锻炼。可能刚开始孩子会有所不适应，内心会有些抵触，但是父母鼓励得多了，孩子接触得多了，就会慢慢习惯。孩子会勇敢地迈出去，因为环境可以改变一个人的性格。

著名教育专家斯宾塞在分析过无数家庭教育之后说，
野蛮的教育出来的是野蛮的孩子，仁爱的教育出来的是仁爱的孩子。

现在，越来越多的案例显示，
经常与父母进行亲子活动的孩子，其交际能力远比其他孩子强。

帮孩子交朋友，
教他拉近与同学间的距离

孩子成绩的好坏不仅取决于父母的督促，更取决于孩子在学校能否感觉到快乐，这种快乐具体体现在孩子爱不爱学习上。如果孩子在学校里没有自己想要的东西，就会觉得上学一点意思都没有，产生厌学心理，即使去学校，也不会认真听讲、乖乖学习。这样的话，成绩怎么可能提高呢？

学校相当于一个小社会，孩子必然要接触到新鲜事物，如果在这个过程中，孩子结交不到新朋友，感受不到乐趣，那么很可能就会产生强烈的抵触心理。他们更渴望放学，而不是待在学校。

杨斌的爸爸是高级网络工程师，绝大多数时间在加班，几乎没有时间管他，所以杨斌是在妈妈的照顾下成长的。上一年级时，杨斌的成绩很好，老师经常表扬他。有时候杨斌会拉着妈妈说东说西，关系非常融洽。

　　到了二年级时，杨斌的情况变得非常糟糕了，他成绩直线下降不说，跟妈妈的沟通也少了很多。有一天杨斌突然跟妈妈说："妈妈，我不想读书了。"

　　妈妈大吃一惊，追问："你说什么胡话，到底怎么回事？"

　　杨斌支支吾吾了半天，妈妈不耐烦了，吼了一句："你倒是快说。"杨斌哇的一声大哭起来。

　　爸爸加完班回来，摸了摸杨斌的头，对他说："孩子，有什么话跟爸爸妈妈讲，爸爸妈妈会帮你解决的。"

　　杨斌这才说出实情。原来他看到同学都有爸爸接送，想到自己很长时间没见到爸爸了，心里很不是滋味。杨斌的爸爸总是在杨斌起床之前上班，下班回来时杨斌早就睡了，这样一天到晚杨斌根本见不着爸爸，觉得上学一点乐趣也没有，认为不上学就能看到爸爸了。

杨斌厌学的主要原因是在学校感受不到乐趣，更渴望见到爸爸。这种情况下，最好的办法就是帮助杨斌结识一两个要好的朋友。有了好朋友，杨斌会感受到在学校里的乐趣，对学习的热情也会有所提升。

在孩子生日的时候，家里可以举办一次生日会，让孩子主动邀请同学过来参加。父母应让孩子多与同学接触，接触多了，孩子的社交能力自然会得到提升。孩子难以顾及细节，父母要帮助孩子制订计划，做到有条不紊。

父母不要给孩子安排太多的课余活动。太多的课余活动会让孩子产生巨大的压力，把这当成一种任务而不是学习的途径，远不如让孩子约几个朋友来家里玩，多结识几个好朋友。

事实上，帮助孩子交朋友并不是一件简单的事，特别是有社交困难的孩子。他们不懂得如何接近同学，不知道如何有效沟通，甚至当有同学在时，会感到局促不安、不知所措。这时父母可以尝试用以下方法来帮助孩子。

1. 只邀请一个同学

这是很关键的一点。父母可能觉得邀请的同学越多，孩子结交的面就会越广。但实际情况并非如此，邀请的同学过多反而对孩子不利，因为同学们可能下意识地忽略孩子，这样起不到促进交流的作用。相反，若只邀请一个同学，孩子必然会与对方产生交集。

2. 控制玩耍的时间

有些孩子在一起玩耍时，可能几个小时都不会觉得长。父母一定要控制好孩子玩耍的时间，并且尽可能地让孩子的聚会在愉快的氛围中结束。比如父母告诉孩子只能再玩半个小时，那么孩子就会格外珍惜剩下的时间，而且孩子的同学下次也愿意继续来家里玩。

3. 精心设计活动内容

孩子邀请同学时，很可能会被同学拒绝，所以父母一定要帮助孩子设计有趣的活动内容，让被邀请的同学产生兴趣，这样孩子就不会被拒绝了。设计活动内容时，父母要根据孩子的特点来进行。若孩子不擅长交流，父母可以设计一些诸如参观动物园、去游乐园的活动，避免沟通不畅给孩子造成心理负担。

4. 杜绝交流性不强的游戏

有些游戏在进行时孩子之间的交流很少，比如看电视、做剪纸，但是孩子又很喜欢玩，这类游戏不利于孩子社交能力的提升，父母一定要限制。因为邀请同学过来玩的主要目的，还是帮助孩子提升交际能力，所以要以需要沟通的游戏为主，最好是需要两个人或多人合力才能完成的游戏，比如传球、你比我猜等，这样能让孩子开口讲话，增进友谊。

5. 教会孩子必要的礼仪

如果孩子不懂礼貌，那么同学下次就可能不再来玩，所以父母要让孩子有礼貌。礼貌具体可以体现在将选择权交到客人手上，比如同学想玩什么，孩子主动配合同学，而不是处处以自己的意志为主。

另外，对于小区内的活动或是亲戚朋友间的聚会，父母尽量带着孩子一起参加，因为这是帮助孩子与人打交道的最好机会。有时候，父母可以主动组织活动，让朋友带着孩子一起参加，这也能起到提高孩子交流能力的作用。

对于学校里组织的少年小组活动，父母也要鼓励孩子参加，如果孩子不愿意参加，父母可以让孩子尝试参加一两次，再决定以后要不要参加。孩子参加少年小组活动，必然要与其他同学打交道，打了交道，孩子就会感受到乐趣。不过父母要提醒孩子，既然选择参加活动，就一定要认真对待，展现出最好的自己。

每个孩子都有社交的能力，但是需要机会锻炼，当父母把孩子推出去时，孩子在努力适应的过程中，就会掌握与人相处的方法。

第三章

受欢迎的孩子是这样诞生的：
你一直忽略的社交礼仪

懂礼貌与不懂礼貌的孩子
有天壤之别

相信没有一个父亲或母亲愿意听到别人评价自己的孩子没有教养。没有教养的孩子不懂礼貌，被称为"熊孩子"。孩子懂不懂礼貌，与父母有直接的关系。如果父母本身不讲礼貌，孩子也不可能讲礼貌。

父母应该教会孩子社交的礼仪，比如在交谈时不要随便打断别人的话、遇到长辈要主动打招呼等。孩子只有懂得这些，才会显得有礼貌。

一个懂礼貌的孩子与一个不懂礼貌的孩子，在社交上也有天壤之别。没有人愿意跟调皮捣蛋的孩子相处，他们更喜欢有礼貌的孩子。懂礼貌的孩子走到哪里都会有人喜欢；相反，不懂礼貌的孩子会受到很多负面评价，父母脸上无光，孩子的自尊心也会受到影响。

王灿今年读三年级，成绩非常好，但是有一个坏毛病，就是喜欢和同学打闹。有时候同学们在一起玩，他会突然站起来，在同学头上打一下，然后笑着跑开。老师发现后，对王灿说："你这样做不对，这是不礼貌的表现。"

王灿不以为然，依然如此对待同学。同学们也习惯了，因为他打得不疼，所以大家并没有往心里去。其实王灿之所以如此，是因为邻居家的小哥哥也是这样对他的，他才养成了这种习惯。

有一天放学，陈玲的妈妈来接陈玲时，正好看到王灿推了陈玲一把，陈玲没站稳，摔倒在地上。陈玲的妈妈非常生气，立即上前捉住王灿道："你怎么这么'熊'，一点素养都没有，还动手打人。你妈是怎么教你的。"

王灿一听，哭了起来，然后转身溜回了教室。但是陈玲的妈妈不依不饶，直嚷着要见王灿的妈妈。

王灿因为不懂礼貌引起了误会。其实他这样做只是一种习惯，这种不礼貌的习惯会让别人非常反感。如果他不改变，将来肯定结交不到朋友，因为不会有同学喜欢他，更不要说跟他一起玩。

人都有分辨能力，如果某个人不懂礼貌或是做事没有分寸，就会被贴上标签，取各种各样的外号。其实王灿父母可以通过以下方法来教育王灿：

1. 以身作则，通过实际行动教会孩子用语礼貌

孩子的社交礼仪一般是从身边的人身上学来的，王灿就是如此，打人的坏毛病就是从邻居的哥哥那里学来的。其他孩子的毛病多来自父母。如果父母是不懂礼貌的人，孩子也会如此。孩子看到父母做什么，就会跟着做什么。

在家里父母要以身作则，时刻注意自己的言行，给孩子树立好的榜样。比如平时见到长辈，父母要先打招呼，打完招呼主动让孩子打招呼。在这种氛围下，孩子很快就会变得有礼貌。

孩子必须学会的礼仪：

（1）遇见长辈，主动打招呼；

（2）和长辈说话时要保持谦逊；

（3）分别时要说再见；

（4）吃饭时要主动邀请长辈；

（5）犯了错误要主动说对不起；

（6）获得帮助要说谢谢；

（7）请求别人帮助时要客气。

有些父母认为没有必要这样，因为都是一家人，过于客气反而显得生疏。这种观念不可取，孩子的习惯绝大多数是从家庭开始形成的。如果孩子在家庭中感受不到礼貌的存在，也不可能懂礼貌；反之，如果孩子在家里都习惯了使用礼貌用语，到陌生的环境也会有礼貌。

2. 孩子的问题比较多，有针对性地进行改变

孩子在礼貌上存在着各种各样的问题，在教育孩子时父母要循序渐进，不要将所有的问题集中起来。一次性解决所有问题的可能性微乎其微，很可能到最后什么也没有解决。

其实父母在教育孩子时一定要注意方法，可以换一个角

度，将孩子在礼貌上出现的问题一一罗列出来，再根据孩子的实际情况进行分类，从严重的开始，有针对性地解决问题。在解决问题时，一次只解决一个，做好之后再解决下一个，父母帮孩子解决的问题越来越多，孩子就会变得越来越懂事。

3. 面对孩子的不同意见，父母要有足够的包容心

孩子在学习过程中会遇到许多问题，明明父母教过了，孩子掌握得仍然不多，在遇到事情时依旧用自己以往的方式来处理。不懂礼貌的表达方式不是一下子就能改变的，父母要有足够的包容心。

孩子不听话，有反对情绪，不是不尊重你，而是有自己的想法，只是与你的看法不同罢了。面对这种情况，父母最好多倾听孩子的意见，如果是好的意见要听取，对于不好的意见，可以通过列举事例的方式来引导孩子。粗暴否定孩子的意见，孩子的自尊心会受到打击，肯定和引导的方式才能起到教育的作用。

比如孩子觉得每次向同学请教都说"打搅一下"很麻烦，父母可以让孩子设身处地地想一想，让孩子体会别人有问题请教他时说与不说的感受，而不是立即否定孩子，说"你这样不

行，这就是不讲礼貌的行为"，这样只会打击孩子，让其产生逆反心理。

4. 对于孩子不礼貌的行为，要及时制止

生活中，父母发现孩子做出不礼貌的行为时，一定要及时制止，绝不能不闻不问。针对孩子所出现的问题，父母要解释说明，让孩子明白如何尊重他人，如何处理问题。在教育孩子时，父母不要用命令的语气，那样会影响到教育的效果，因为孩子的模仿能力很强。

礼貌对孩子的社交影响非常大，父母应该让孩子掌握基本的社交礼仪。对此，父母要有足够的耐心，因为礼貌习惯的形成需要长时间的引导和积累，效果不会马上显露出来，有时孩子甚至只有很小的进步。对于孩子的进步，不管大小，父母都应该给予鼓励，帮助孩子建立信心，下定学好的决心。

谦让并不是示弱，
而是一种修养

    谦让是一种传统美德，每一个孩子都应该懂得。但是一些父母觉得孩子谦让就会吃亏，是一种示弱。其实谦让并不是示弱，相反，谦让能体现一个人的修养和教养。现在的孩子大都拥有强烈的个人意识，习惯了以自我为中心，根本不懂得谦让。

    孩子内心的自尊导致他们做什么事情都想成为最好的那一个。如果没有取得理想的成绩，他们就会感到难受、不高兴。但是生活中并不是所有的事都会如意，孩子不懂得谦让，事事争第一，身上的压力只会越来越大，也难以交到朋友。

    班级是一个整体，必须有人懂得谦让。让孩子懂得谦让的目的是让孩子融入集体，拥有集体意识和集体荣誉意识。试想孩子在学校做什么事情都表现得十分强势，在班上唯我独尊，那么孩子的人缘一定很差。你会发现，这样的孩子身边没有朋友，少有同学跟他一起玩。

每个家长都希望孩子能懂礼貌，学会谦让，可是特殊的家庭教育方式导致很多孩子不懂这些，一味地以自我为中心，根本不会礼让。

校园生活与家庭生活不同，最大的区别在于，家庭是以孩子为中心，校园则是一个大集体，每个孩子都有自己的主见和个性，如果他们都坚持自己的想法，不站在别人的角度思考问题，那么就会产生不必要的矛盾，无法形成集体。

就读于国际小学三年级的亚亚在班上一点也不受欢迎，因为他就是一个调皮王。做早操时，老师让同学们排队去操场，亚亚一直在教室里跑来跑去，不停地大喊大叫；上课时，同学们都认真地听老师讲课，亚亚一会儿推推右边的同学，一会儿戳戳前面的同学，不停地骚扰别人；做游戏时，亚亚很霸道，只要是想要的玩具，一定会抢到手，要是抢不到，就故意捣乱。久而久之，同学们都不愿意跟他一起玩了。

亚亚不懂得谦让，导致同学们纷纷远离他。性格霸道的孩子做什么事都想按照自己的喜好来，殊不知这是对他人的极大的不尊重。当孩子的行为受到集体的抵制时，孩子就离被孤立不远了。

谦让的美德不是说有就有的，父母一定要教导孩子在家里就养成这样的习惯，不能事事按孩子自己的意愿来，必要时一定要听一听他人的看法和意见。

有些父母抱怨，孩子在家里十分乖巧、懂事，一到学校就完全变样了，把父母跟他说的那些完全抛到脑后，父母一点办法也没有。之所以出现这样的情况，是因为父母的管教太过严厉，逼迫孩子做他不喜欢做的事，孩子因为惧怕，只能在表面上认同父母，其实内心并没有改变，教育效果自然大打折扣。

那么父母究竟怎样做，才能让孩子学会谦让呢？

首先，消除孩子以自我为中心的个人意识。

孩子不懂得谦让主要是因为太过注重自我，凡事都以自我为中心，父母必须消除这种过强的个人意识。

吃饭时，孩子喜欢吃牛排，就全部夹到自己碗里。这时父母一定要告诉孩子，他这样做是不对的，家里还有爸爸妈妈和爷爷奶奶，牛排不能只让他一个人吃。如果孩子不愿意，父母可以严厉一点，给予一定的惩罚，事后再来教育孩子，让他明白不要只考虑自己，不能全凭自己的意志行事。

在家里父母可以让着他，但是到了学校甚至将来踏入社会后，就不会有人让他了，很多事情并不是他一个人说了算。

其次，鼓励孩子分享自己的东西。

分享能培养孩子的集体观念，比如小朋友来家里做客时，父母要让孩子分享玩具；遇到孩子喜欢吃的菜或零食时，父母要教孩子分享给身边的人。孩子之所以不懂得分享，是因为父母没有及时引导孩子，给予孩子正向的鼓励。孩子今天与朋友分享了自己的玩具，父母要给予奖励和支持，让孩子意识到独自占有并不是最好的选择，分享的收益更大。

再次，言传身教更有效果。

在家庭教育中，父母的位置十分关键。如果父母不懂得分享，孩子就不可能学会分享，教育也不会有实质的效果，因为父母的行为会直接影响孩子的行为。父母溺爱孩子，有什么好吃的，自己舍不得吃，让孩子一个人吃。这种做法在无形中会让孩子养成独享的习惯。最好的做法是，父母与孩子分着吃，让孩子明白美食要一起吃才更香。

最后，用陪伴缓解孩子的压力。

现在孩子的压力大，他们渴望有倾诉的对象。当孩子兴致勃勃地找父母聊天时，父母一定要放下手中的活，耐心地听孩子倾诉。如果心中的压力得不到释放，孩子会把自己封闭起来，看不到外面的世界，就不可能学会分享。所以父母要缓解孩子在成长过程中的焦躁情绪。

当孩子在学校受到欺负，或是自己的东西被同学抢走时，他们会向父母倾诉。这时父母要保持冷静，孩子找你倾诉是想听你的想法和意见，而不是跟你一起发脾气。

谦让并不是无底线地退让，而是一种分享。当有同学觉得孩子谦让好欺负时，孩子一定要拿出态度，据理力争，该谦让时就谦让，该抗争时要抗争到底。如果同学还是如此，要立即告诉老师。孩子既懂得谦让，又有自己的态度，如此才是真正有修养、有品格的人。

不是人人都是"主角"，
培养孩子的集体意识

越来越多的研究表明，孩子在学校的成绩如何，与孩子融入集体的速度有关。那些成绩好的孩子，都能快速适应校园生活，与同学打成一片；那些成绩不好的孩子，并非是智力不行，而是一时无法适应集体生活，不知如何应对，在学习上自然会落后许多。

想要适应群体，集体意识必不可少。如果始终以自己为中心，不在意他人的感受，孩子就会被集体拒绝在外。个人英雄主义不再受欢迎，只会让自己离集体越来越远。相反，协作式的团队主义渐渐成为主流。

九月，赵刚将正式成为一名小学生，妈妈却十分担忧，因为赵刚一直表示不想上小学，有时妈妈跟他说起这事，他就会表现得很夸张。妈妈只好不停地做工作，又是买玩具，又是买零食，赵刚才同意去学校。

　　报名的那天，一切都很顺利。妈妈将赵刚送入班里后准备离开，赵刚突然从教室里跑了出来，大声哭喊着："妈妈，我不要上学！我要回家！"妈妈怎么说，赵刚都听不进去。情急之下，妈妈还打了赵刚几下，但赵刚紧紧地抱着妈妈的腿，说什么也不愿进教室。

　　赵刚这样的情况是每一个即将踏入小学的孩子都要面对的。孩子集体意识不强，对集体充满了排斥，害怕独自面对新的集体，所以会感到恐惧。即使有幼儿园作为过渡，上小学仍然是孩子们一道难以跨过的坎。那么父母该怎样培养孩子的集体意识呢？

1. 摆正态度，明确孩子在家里的位置

严格来说，家庭也是一个小集体，每个家庭成员都是集体

的一部分，爸爸、妈妈、爷爷、奶奶还有孩子自己构成了这个小集体。在这个小集体中，很多家长将孩子放在最重要的位置上，原本应该由家长来做决定的事，最终都顺从了孩子。事实上，这种做法不利于孩子的成长，因为家庭地位的不明确，会让教育对孩子失去作用。

所以，最好的做法就是，父母明确孩子在家里的位置，要告诉孩子，既然他是家庭的一员，在享受权利的同时，也要承担相应的责任和义务，不能只想着自己而不重视别人，在家里，要尊重爷爷奶奶，体贴爸爸妈妈。当孩子做到这些事之后，父母再教孩子将这种意识扩展到周围更多的人身上，让孩子尊重集体的每一个成员。

2. 鼓励孩子为集体付出，而不是坐享其成

孩子既然是集体的一分子，就不能坐享其成，应该像集体中的其他成员那样，为这个集体做出力所能及的贡献。所谓集体意识，就是主动为集体付出，帮助集体成长。孩子为集体付出，首先从家庭开始，父母要有意识地为孩子分配一些孩子能做的事，比如扔垃圾、扫地、擦桌子等家务事。别看这些只是小事，却能帮助孩子建立强烈的集体意识。

当然，父母要注意劳动的分配，对那些在孩子所处年龄段无法完成的事，一定要避开，不能让孩子独自完成。比如提水，孩子力气有限，可能提不动，但是孩子的自尊心强，一定要完成。如果孩子硬着来，会伤到中气。最好的做法是父母帮孩子提水，孩子要是不愿意，父母可以与孩子一起提，让孩子认识到协作的重要性。

3. 对于孩子的付出，父母要设置相应的奖励措施

孩子为家庭做出了贡献，父母一定要及时给予表扬和奖励。奖励不能太重，可以是一些小玩具或是一些小零食，通过表扬和奖励让孩子意识到为集体付出也会有额外的收获。有收获才会有荣誉感，孩子一旦拥有了荣誉感，就能感受到快乐。在奖励孩子时，父母可以告诉孩子应该处处为他人着想，强化孩子的集体观念。

在家里培养出来的集体意识，在学校也会表现出来。孩子在学校能快速融入集体，不再把自己当成主角，而是集体的一员。团队活动是连接孩子与孩子的重要纽带，通过团队协作，孩子会交到很多好朋友，拥有更健康的成长时光。

事实上，一个人最大的敌人往往不是别人，而是自己。

和解并不是退让，而是一种大度。

尊重他人才能
被他人尊重

孩子天生就有社交的渴望，但在社交中，孩子会犯下许多错误，最典型的错误就是不尊重他人。不是说孩子肯说话，和什么人都聊得来就是社交。与聊天不同，社交有固定的规则，只有掌握这些规则，孩子才能真正交到朋友。

孩子与人交流时，如果只管自己说得开心、说得痛快，把不该说的话全说出来，一点也不顾及他人的感受，那么孩子的社交效果会大打折扣。尊重是相互的，如果孩子不尊重他人，别人也不会尊重孩子。孩子过于放肆，会引发不必要的矛盾。所以在人际交往中，尊重必不可少。

孩子心智处于成长期，对很多事情的理解存在着一定的偏颇，所以父母一定要教会孩子理解和尊重他人，因为只有这样才能赢得友谊。

　　明明是三年级插班生，以前跟奶奶生活在农村，说的一直是家乡话，普通话并不标准，因而在班上闹出了许多笑话。有一次，同学轮流讲故事，轮到明明时，明明因为普通话不标准，一开口就引得同学们哈哈大笑。明明非常尴尬，脸红得像苹果。

　　李华是一个好事的孩子，讥笑道："就你这普通话，还讲故事，不是闹笑话吗？"明明的自尊心因此受到了打击，他瞪着李华，李华反而笑得更开心了。终于明明再也忍不住，冲过去跟李华打了起来。

　　事情被老师知道后，老师将他们叫到办公室，严厉地批评了李华，因为他没有尊重明明，就算明明普通话不标准，在讲故事时，其他人也应当尊重他。李华意识到了自己的错误，诚恳地向明明道歉，还主动教明明说普通话，两个人因此成了好朋友。

在这个事例中，李华因为不尊重明明引发了不必要的冲突。当李华改变态度之后，两人的关系自然会越来越好。尊重是相互的，你尊重别人，别人也会尊重你。一个人如果只知道挖苦和嘲笑，只会令人心生厌恶。

尊重他人并不是与生俱来的品质，而是一种后天培养的能力。只有良好的家庭教育环境才能铸就高超的品格，这就要求父母懂得尊重。父母不能将自己的情绪强加在孩子身上，应该理解孩子的情绪，充分尊重孩子的意见。

著名教育家斯宾塞在分析过无数家庭教育之后，总结出了一句话，即"野蛮产生野蛮，仁爱产生仁爱"。如果父母用野蛮的方式来教育孩子，那么孩子长大后也会十分野蛮；反之，如果父母用仁爱的方式教育孩子，那么孩子将来一定是仁爱的。

孩子如果在家里感受到尊重，内心就会得到极大的满足。孩子也是家庭的一分子，需要为家庭出力，既然如此，孩子也要得到必要的尊重。比如孩子主动帮助父母打扫卫生，打扫完之后，父母不仅要肯定孩子的行为，还要跟孩子说一声"谢谢"。不要以为孩子打扫卫生是应该的，他需要得到父母的尊

重和肯定。

当父母需要孩子帮忙时，不要用命令的语气，而要用商量的语气。比如父母外出时，帽子落在了楼上，不应该说"快去把帽子拿下来"，这种命令是对孩子极大的不尊重。尽管孩子会去拿帽子，但是心里会产生极大的抵触。相反，如果父母这样说，"宝贝，妈妈（爸爸）马上要出门了，你能帮我把帽子拿下来吗？"孩子会很高兴地上楼拿帽子。父母从命令的语气转变为商量的语气，孩子的感受就会大不一样。

今天父母在家里命令孩子，明天孩子就会在学校命令同学；今天父母在家里尊重孩子，明天孩子就会在学校尊重同学。

尊重的思想是需要不断灌输的，在家中家人相互尊重，一言一行都会影响到孩子。父母之间的尊重会在孩子心里产生潜移默化的影响，诸如"谢谢""你请""我错了"等等能体现出尊重的话语，能营造出相互尊重的家庭氛围，那么孩子会变得非常懂事；反之，如果父母经常在孩子面前吵架，相互攻击，孩子也会这样做。

不仅如此，在孩子面前，父母要时刻保持微笑，让孩子养成微笑的习惯。一个笑容能化解很多矛盾。孩子的笑容是世间最美的笑容，更是对他人的一种尊重。既然人具备微笑的能力，为何不教会孩子使用它呢？时常微笑的孩子远比不擅长微笑的孩子受欢迎，孩子之间的尊重往往是从一个笑容开始的。

最后，当父母发现孩子不尊重他人时，不能随意否定孩子，而是要寻找问题的根源。孩子不懂尊重很可能是因为还没有意识到他的行为会伤害别人，父母可以反问孩子如果别人也这样对他，他会有什么样的感受。这样有利于让孩子反思自己的行为，找到问题所在，从根本上做出改变。

每个人心中都有一张"好人卡"，
帮孩子获得好人缘

　　无论是在学校，还是在家里，孩子都需要朋友。有的孩子读了几年书，一个朋友都没有，这是一件悲哀的事，在班上没有人愿意和孩子玩，孩子在孤单中成长。有的孩子恰恰相反，第一天上学就能结识很多朋友，大家都说他的人缘好。

　　为什么会有这么大的反差？其实原因就在于，第一个孩子不懂得社交，不知道如何与同学相处，所以同学都不把他当回事；第二个孩子则不同，知道如何融入集体，与同学打成一片，自然而然拥有更多的人缘。

　　孩子的社交问题其实就是家庭教育的问题，孩子不懂社交与父母的教育不到位有很大关系。每个人心中都存在着一张"好人卡"，孩子今天帮助同学、乐于分享，明天就会获得相应的回报；反之，如果孩子过于蛮横霸道，同学就会敬而远之。

有一次，小宇去姑妈家玩。刚开始小宇和姑妈他们不是很熟，显得有些拘谨。姑妈笑着拿出好吃的零食请小宇吃，表姐也把自己的新玩具拿给小宇玩，小宇见姑妈和表姐这么热情，胆子渐渐大了起来。

起初小宇在客厅里玩，到处翻翻找找，遇到喜欢的东西也不问一下，拿起来就玩。找到一箱还未打开的牛奶，小宇立即撕开封条，拿出一瓶随意喝了起来。这让姑妈很尴尬，原来这箱牛奶是姑妈准备拿去送人的，现在开封了，只能再买。

在阳台玩时，小宇见到表姐养的花很好看，便用手去摘，还把花盆打碎了。表姐非常生气，忍不住说了他几句，小宇不服气，和表姐争执起来。最后表姐再也不理小宇了。

以前在家里，小宇有父母惯着，什么事都以自我为中心，养成了极其不好的习惯。因为他的性格过于霸道，身上带着棱角，接近他的人都会被他的棱角所伤。他在学校几乎交不到朋友，就算原本和他关系不错的同学，没几天就会离他远远的。

因为小宇和表姐的关系闹僵了，小宇父母意识到了问题的严重性。小宇父母听从姑妈的意见，经常带小宇出去游玩，还通过一些亲子游戏让小宇学会帮助他人。经过一段时间的培养，小宇性格发生了很大的变化，不再像以前那样不讲道理了。

与人相处是一门学问，孩子有很多东西不明白，需要父母来教。尤其是交友的原则，什么朋友可以交，什么朋友不能交，都需要父母不厌其烦地跟孩子讲。

1. 注意交友的尺度

不是什么朋友都值得交，比如在班上爱打架的孩子，喜欢大吵大闹的孩子就不值得孩子深交，那些爱学习、懂礼貌的孩子才是孩子应该结交的朋友。交损友，孩子只会更加自私自利；交良友，孩子一生受益。

2. 相互理解，做人要有气度

关系再好的朋友也会发生矛盾，难免会争吵，对于平时的一些小打小闹，不能往心里去，气度能决定一个人的高度，有意义的争吵会加深友谊，所以不必苛求事事完美。

3. 学会批评与自我批评

在与好朋友相处时，对朋友的缺点不要遮遮掩掩，比如朋友不爱干净，你便可以提醒朋友要注意个人卫生，很可能朋友过几天就会注意。你的意见会对朋友产生一定的影响，可能帮助朋友改变缺点。如果你不提，那么朋友就没有改变的可能。

4. 学生拉帮结派容易让孩子误入歧途

不是所有的孩子都能辨别是非，在学校学生拉帮结派会让孩子结交到品行不端的朋友，不慎走入歧途。所以孩子要明事理、辨是非，懂得如何控制自己的行为。

想要结交到朋友，孩子还要克服害羞的弱点。孩子脸皮薄，面对陌生人会表现得十分拘谨。父母可以将孩子的同学请到家里来，帮孩子办一场聚会，以此来拉近他们之间的距离。平时父母也要带孩子参加兴趣活动，鼓励孩子上台表演，克服害羞的心理。

平时父母要让孩子养成不浪费的好习惯。很多孩子在遇到自己喜欢的东西时，显得过于盲目，从来不会考虑自己究竟需要多少，因而造成了不必要的浪费。当孩子懂得自己的需求时，就会只取自己所需的部分，剩下的就会与同学分享。要知道，懂得分享的孩子的人缘一定不会差。

　　掌握必要的团队精神，才能获得持久的关注。有时候，孩子们在一起玩耍时，会因为意见不合而发生争执，比如上体育

课时，老师安排同学们玩滑梯，同学们都想先滑下去，如果你不让我，我不让你，最终谁也没有机会滑下去；反之，如果有人懂得妥协，按先后顺序来玩，这样每个人都有机会玩。

　　旅游可以增长孩子的见识，有助于提升孩子的交际能力。父母想要孩子在学校受欢迎，一直把孩子关在家里肯定无法实现，要让孩子多接触外面的人和事。父母应经常带孩子出去玩，参加各种各样的活动，通过旅游来锻炼孩子的交际能力。当孩子的交际能力得到提升，那么他定然能快速融入学校生活中，结识到更多好朋友。

　　孩子难免会在学校遇到各种各样的问题，父母要秉持一个观点：沟通能解决一切矛盾。父母要让孩子掌握沟通的技巧，与同伴商量解决办法。如果孩子处理得不好，父母应及时指出来，教会孩子正确的应对方式。这样孩子再遇到类似的问题时，就知道怎么办了。

第四章

很多悲剧源于这张嘴：
孩子必须掌握的沟通技巧

孩子不爱交流，
父母要负主要责任

孩子不爱交流，性格孤僻，做什么事情都不知所措，有外人在场时，更是左顾右盼。这让很多父母忧心忡忡。其实孩子的思维简单，如果同伴不开口，他也不愿意开口说话。这样久而久之，孩子就会失去兴趣，表现得极不耐烦。不爱交流的孩子无论是在学校，还是将来踏入社会，都会寸步难行。

关系是在沟通交流中建立起来的，孩子不与同学沟通，就没有玩伴，一个人孤零零的，性子也会跟着发生变化。时间久了，孩子原有的天性也会被磨灭。

如果孩子不爱交流，父母必须及时想办法引导孩子开口。心理研究表明，孩子不愿意开口，很大程度上与父母的教育方式有关。

孩子不是天生就懂得沟通技巧，而是需要父母耐心引导的。比如怎么跟人打招呼，在路上遇到孩子的同学或是熟人时，父母要鼓励孩子大胆地打招呼，一声问好能极大地拉近两个人之间的距离。在班上进行自我介绍时，孩子要讲清楚自己的姓名、年龄、爱好和特长等内容，分条理来讲，表达更加清晰。

正在读三年级的玲玲十分沉默，一天下来说的话不超过三句，和班上的小朋友更是一句话也不说。不仅如此，回到家里，玲玲与父母的交流也很少。如果去外面，她也很少说话，即使熟人逗她，也几乎没什么反应。大家都说玲玲太内向了，将来踏上社会肯定会受欺负。

玲玲的父母也很担心，以为玲玲有语言上的障碍，特意带玲玲到医院进行检查，结果玲玲什么问题也没有，只是性格太内向。原来玲玲很小被父母带在身边照顾得无微不至，什么事情都是妈妈帮她解决，根本不需要她开口。正是这种家庭教育方式，导致玲玲渐渐形成了内向的性格。

针对这种情况，玲玲妈妈想到了一个办法，就是帮玲玲报兴趣班。对于自己喜欢的事情，玲玲表现出很大的热情，一遇到问题就会问妈妈。渐渐地，玲玲性格发生了转变，从不愿意说话到主动提问，再到与同学兴高采烈地交流。

玲玲的父母及时做出改变，通过兴趣培养，帮助玲玲打开了心扉，所以玲玲的变化很大。孩子遇到自己喜欢的事情时，会有很多话想说，关键在于找到他们的兴趣所在。

有些父母还有这样的经历：当孩子提的问题越来越多时，父母会变得不耐烦，希望孩子少说些话。然而这样的做法会在无形中扼杀孩子的表达欲，使孩子渐渐变得内向起来。孩子渴望交流，当他想说出自己的想法时，父母应当支持，而不是反对。

当然，有的孩子沉默寡言，喜欢一个人待着，但这并不意味着他们不懂得社交，他们只是更习惯独处罢了。面对这类孩子，父母要给予足够的空间让他们独立思考问题，不要过多地干涉。过多的干涉会引起孩子的反感甚至是愤怒。

孩子不爱交流主要有以下两个原因：

1. 家庭关系不和谐，给孩子造成了心理阴影

比如父母关系不好，很少跟孩子聊天，孩子找不到人说话，每天放学都是一个人玩，心里会失去沟通的渴望。父母经常在孩子面前吵架甚至动手，会对孩子的认知产生错误的引导。

2. 父母喜欢打击孩子

孩子毕竟只是孩子，无论是他说的话，还是做的事，不可能完全符合大人的标准。父母一味地指责孩子，会打击孩子的自信心。

如果父母对孩子的要求过于严厉，孩子会因为害怕而不敢说话。过度的指责会打击到孩子，不利于孩子的语言发展。比如有一个妈妈经常指责孩子说话的声音不够大，孩子脸上写满了委屈。当孩子跟同伴玩耍时，这个妈妈又站在孩子的对立面，全盘否定孩子的行为。如此一来，孩子就对父母产生抵触心理，不愿意与人交流了。

在孩子与人交流这件事情上，父母要扮演积极的角色。孩

子主动与人交谈时，不管孩子说得对不对，父母都要给予足够的鼓励，而不是一味地责备。相反，如果父母时刻鼓励孩子，孩子的表达欲望会很强烈。即使孩子说错了话，父母也不应指责，而是要告诉孩子说错了什么，应该怎么说，之后孩子所犯的错误就会少很多。

现在很多父母因为生活压力大，把大部分心思放在工作上，很少关心孩子，这不利于孩子性格的形成。在平时父母要多注意孩子的情况，无论多忙，都要抽时间陪他聊聊天。良好的家庭氛围有利于孩子性格的形成，充分激发孩子说话的兴趣。

当然，父母还可以经常讲故事给孩子听，帮助孩子积累词汇。当孩子接触的词汇越来越多时，父母可以试着主动让孩子讲故事，比如对于一些孩子觉得有趣的故事，父母可以表现出极大的兴趣，鼓励孩子讲出来。在孩子讲的过程中，父母表现得积极一点，不断地追问后面的情节，鼓励孩子讲下去。

放学后，父母可以引导孩子讲一讲学校里发生的事，积极配合孩子，这样孩子的表达欲望会更加强烈，性格也会变得开朗起来。所以父母要重视对孩子表达能力的培养，充分发掘孩子的兴趣和天赋，帮助孩子形成健全的人格。

对孩子来说，由于心智不健全，

对于玩笑的把握度有限，

往往玩笑演变成戏弄，起到相反的效果。

在教育孩子时，父母一定要记住，

任何时代孩子都不能动手打人，

喜欢动手打人会让孩子失去社交的机会。

"打扰了""谢谢"等礼貌用语挂嘴边

很多父母从小教孩子背诵古诗、学习英文单词，目的就是让孩子将来有更好的发展，不输在起跑线上。但是孩子会不会说话，与能不能背诵古诗的关系并不大。沟通讲究的是对语言的运用，以及在日常生活中如何用合适的语言表达自己的意思。然而，一些父母忽略了这方面的教育，并没有教会孩子如何使用礼貌用语。

一个经常使用礼貌用语的孩子会让身边的人感到愉悦。比如，孩子想要借一样东西，会主动说"打扰一下"；获得帮助时，主动道声"谢谢"；犯了错误时，主动说句"对不起"。这些日常的礼貌用语就是人与人之间交流的连接器，会带给人知书达理、懂礼貌的好印象，让人感受到尊重。

现在很多幼儿园的老师就经常教孩子一些常用的礼貌用语，比如孩子上校车时，老师会提醒孩子跟父母或爷爷奶奶说"再见"；早上孩子走进教室时，会要求孩子跟老师打招呼；晚上孩子离开学校时，让孩子主动跟老师说"明天见"。

这种教育方式就是为了帮助孩子养成说礼貌用语的习惯。幼儿园培养的使用礼貌用语的习惯对孩子的成长有着很大的影响，但是品行教育不能只依靠学校，更需要父母的重视。孩子上小学后，学习压力越来越大，幼儿园培养的一些好习惯会被慢慢淡忘。这时父母应该及时发现问题，提醒孩子注意基本的礼貌用语。在学校，主动打招呼会让孩子获得印象加分。

读六年级的朵朵马上就要升入初中了，妈妈特意请同小区的李阿姨教她语文。朵朵与李阿姨经常在小区碰面，但是一次也没有跟李阿姨打过招呼。李阿姨觉得孩子害羞，总是主动找朵朵说话，会问她"吃饭了没有""准备去哪里玩"之类的。

有一次测试结束，李阿姨在楼下遇到了朵朵一家人，朵朵妈妈拉着她问孩子的分数，朵朵仍然没有跟李阿姨打招呼，和爸爸在一旁聊天。李阿姨将朵朵的情况跟妈妈说了，朵朵妈妈却说："只要孩子成绩好，懂不懂礼貌无所谓。"

对于孩子的不懂礼貌，一些父母抱着无所谓的态度。太多的父母过于在意成绩，而忽略了基本的素质培养。让孩子说一声"老师好"远比让孩子考一百分要重要得多。一个考了满分的孩子，如果没有礼貌，那么他的人生永远不及格。

当孩子在学校没有说礼貌用语的环境时，父母一定要重视，反复强调，让孩子养成讲礼貌的习惯。别人家的孩子没有礼貌，自己的孩子不能没有礼貌。在日本，孩子放学回到家后所说的第一句话是"我回来了"。不仅如此，母亲外出回家或是父亲下班回家，说的第一句话也是"我回来了"。一句"我回来了"并不代表什么，却表现出对家人的尊重。

人的一生当中，最重要的品性就是懂得感恩。我们首先要感谢大自然，是大自然用阳光和雨露滋养了这个世界；其次要感谢父母，是他们给予了我们生命。我们都要怀着一颗感恩的心看待世界。当有事情麻烦到同学时，孩子要说"打扰了"，遇到同学时，要主动说"早上好"。这些基本的礼貌用语能让孩子赢得更多的尊重。

"谢谢"虽然只有两个字，但是背后蕴藏着极大的力量。它与感恩紧紧地联系在一起。懂得感恩的孩子，受到帮助时会将"谢谢"挂在嘴边。这两个字说得简单容易，却精准地表达了感激之情。很多父母不以为意，觉得小题大做。在家里，孩子帮父母拿东西，父母从来不会对孩子说"谢谢"，殊不知这样的教育环境下，孩子的礼貌也会大打折扣。

孩子的感恩是需要从小培养的，更需要父母以身作则。

人难免需要与他人打交道。人必须懂礼貌，学会使用礼貌用语，准确地表达自己的情感。孩子也是一样，必然要与同学交流，不懂得礼貌用语，将会闹出笑话，不利于孩子在同学心中树立好形象。

一个不懂礼貌、不尊重别人的孩子没有人会喜欢，更不可能获得别人的尊重，这样也就无法收获友谊。无论是与孩子交流，还是教孩子说话，父母首先要注意使用礼貌用语，因为孩子会模仿父母的行为和语言，很多时候父母怎么做，孩子就会怎么做。

　　父母教育孩子，要从身边的小事做起，慢慢帮助孩子养成良好的习惯。有时候孩子可能对一些礼貌用语理解得不够深，那么父母必须给予一定的解释，并在日常生活中示范出来。比如父母带孩子去商场时，遇到相熟的同事，要主动上前打招呼，事后要告诉孩子自己为什么要打招呼，是怎样打招呼的。在生活中的一些小事上体现出基本的礼貌和素质，会在孩子心里留下非常深刻的印象，并养成习惯。

　　不仅如此，父母要成为监督者。如果孩子使用错了礼貌用语，或是没有说出来时，父母要及时指出，告诉孩子正确的用法。比如孩子在表达歉意时，将"对不起"说成了"谢谢"，在感谢时却说了"不好意思"，这种礼貌性的错误，父母一定要及时纠正。

　　经常使用礼貌用语的孩子无疑更讨人喜欢，更容易建立社交圈子。孩子不懂礼貌，世界的大门就会向他关闭，学习成绩再好，也无法打开这扇门。父母的言传身教会对孩子产生巨大的影响，礼貌教育更能决定一个人的未来。

你是否知道
"我们"和"我"的区别

在这个时代，懂得协调人际关系的人才能获得更好的发展。孩子在学习专业知识的同时，一定要掌握与他人相处的方法，并且具备将其他意见综合起来的能力。这点说起来容易，做起来却很难。孩子不仅要懂得社交的意义，更要懂得如何为集体和团队付出。

如果说获取是一种渴望，那么付出就是一种精神上的收获。付出直接关系到个人利益，将团队利益放在个人利益之上，会突显出孩子的品格，使他成为团队里的榜样。

通常"我"代表着一种个人主义，即个人的利益；"我们"则代表着集体利益。经常说"我"意味着孩子把自己跟集体分开，习惯了独处，不习惯融入集体。经常将"我们"挂在嘴边的孩子，在潜意识里将自己和其他小朋友当成一个不可分割的集体，而不是将自己独立于集体之外。

而且"我"要做的事与"我们"要做的事有着本质的区别。前者是一个人完成任务，后者是两个人或更多的人完成任务；前者是单干，后者是集体协同。

孩子想要融入集体，必须将自己置于集体之中，要多说"我们"，少说或不说"我"。在集体中，孩子说"我们"，显得更加亲切，让同学听起来更舒服。当然，孩子走出集体之后，要说"我"，要表达自己的个人意识。

读三年级的江莫莫和王琳从小就是好朋友，因为她们的父母关系非常好，常常在一起玩。有一个周末，两家组织郊游。江莫莫非常兴奋，准备了很多玩具。到达目的地后，父母在搭帐篷，江莫莫就和王琳一起玩了起来。

刚开始两个人玩得非常融洽，可是没多久便吵了起来。大人们急忙过来询问怎么回事，王琳指着江莫莫说："我不要跟她做朋友，她老说'我'的芭比娃娃、'我'的烤鸡腿，好像我会抢她的似的。"

江莫莫很委屈，并不知道自己做错了什么。其实江莫莫在和王琳一起玩耍时，便组成了一个小集体，如果她一直强调"我"，就会让对方听着很不舒服，感觉她很自私。原本她们就是一起出来玩的，江莫莫过于强调自我，就是自私的体现。最好的解决办法就是多说"我们"，让对方感受到诚意，这样她们的关系才会越来越好。

在语法中，人称代词有很多种，诸如我和我们、你和你们、他和他们等，不同的人称代词代表着不同的意思。通常我们强调个人的时候，多用"我"，但是强调集体的时候，多用的是"我们"。

那些喜欢说"我"的人，表现得十分自我，喜欢以自我为中心，很少关注其他人，因而不受人欢迎。而那些喜欢说"我们"的孩子是将自己与同学当作一个整体，代表着彼此享受共同的利益。

在沟通过程中，有很多交流的技巧能反映出一个人的社交水平。孩子不要过度强调自我，在集体中多说"我们"，少说"我"。

"我们"能帮助孩子与同学拉近距离，建立更牢固的友情。比如在分配玩具时，孩子说"这是我的"，就显得很自私，但如果孩子说"这是我们的"，意思就完全不一样了，同学听了也会很高兴。

"我"和"我们"不仅是简单的日常用语，更体现了一种处世态度。孩子想要与同学和谐相处，必须建立"我们"这种集体意识。在学校与同学玩游戏时，孩子要说"我们可以玩……""我们一起玩……"等话语，不要总说"我想玩……""我要玩……"。

如果孩子不把同学考虑在内，那么同学就不愿意跟他一起玩。孩子如果总以自我为中心，将来踏上社会，要面对更复杂的人际关系，势必举步维艰。

很多意识需要从小开始培养，父母的正确引导会让孩子受益一生。尤其当孩子到了一定的年龄时，父母不能总是帮孩子解决问题。父母要让孩子自己想办法，鼓励孩子动手动脑，而不是什么都帮孩子准备好，这样孩子会渐渐失去成长的机会。让孩子动手，并不是一件坏事。

对于孩子提出的要求，父母不能盲目地满足。比如孩子想要买某一个玩具，而家里已经有了类似的玩具，父母完全可以拒绝孩子的要求。在拒绝时，父母要告诉孩子为什么拒绝他的要求，让孩子意识到问题所在。

父母坚持自己的原则，孩子将来也会坚持原则，明白只有通过努力才能得到自己想要的东西。新时代的父母不仅要教孩子知识，更要教会孩子做人。掌握一定的生存技巧、主动付出会对孩子越来越重要。

知道什么时候说"我"，什么时候说"我们"，孩子在合适的时候说合适的话，才是高情商的体现。

一句"对不起"
所蕴藏的力量

孩子难免会犯错，犯错本身并没有什么，问题是孩子犯错以后，懂不懂得道歉。要知道一句"对不起"蕴藏的力量是非常强大的，能在无形中化解很多矛盾。比如孩子在打饭时不小心踩到了同学的脚，要及时说"对不起"。如果孩子不愿意说或是说得不及时，可能会引发不必要的矛盾。

人的一生之中存在着很多误解别人和被别人误解的事，这些误会如果得不到解决，所产生的矛盾会越来越大。

主动道歉能有效化解生活中的各种矛盾和误解。误解不利于孩子的情绪疏通，甚至会影响孩子的学习和生活。孩子不小心碰撞到同学，主动说一句"对不起"，小矛盾也就化解了，不仅会获得同学的原谅，还可能会收获友情。

孩子因为对事情的严重性没有清晰的判断，以为事情非常严重，认为说"对不起"了，对方还是不会原谅自己，因而害怕道歉，最终选择不道歉。这种想法是错误的，无论造成的错误是大是小，孩子都要主动道歉。

很多事情其实并没有想象中那样严重，孩子会因为判断不准确而以为自己犯了很大的错误，不敢道歉。其实只要孩子诚心诚意地道歉，再大的错误都能化解。

小敏和小文今年九岁，是无话不说的好朋友，最近因为一件小事变得水火不容。原来小敏在上美术课时，不小心把小文新买的裙子弄脏了，小文非常生气，大声指责小敏。小敏觉得小文不可能原谅自己，一直没有道歉。从此，两人再也没有说过一句话。

小敏妈妈知道后，教育小敏做错了事要主动道歉，不道歉就不可能获得原谅。第二天，小敏战战兢兢地走到小文面前，主动说："那天弄脏了你的裙子，对不起。"

小文不仅接受了小敏的道歉，也跟小敏道歉道："我也要向你道歉，不应该那样指责你的。"

她们之间本没有大的矛盾，只是一些误会。如果有一方真诚地道歉，关系自然会有所缓和，误会也会一并消除。可见道歉的力量有多大。

主动道歉体现着一个人的自我修养，因为人不可能不犯错误，孩子更是如此，主动道歉就是为了弥补错误，起到心灵上的安慰作用。"对不起"看起来只有三个字，却能打开友谊的通道。孩子与同学在交往中难免会发生争执，争执过后主动道歉，两个人的关系会越来越好。

如果父母一味地纵容孩子，以孩子还小为借口来掩盖孩子的错误，那么孩子将永远长不大，不敢承担责任。真正的强者不会逃避错误，相反，会引以为戒，时时反思自己，下次不再犯同样的错误。

孩子做错事情后，有些父母虽然让孩子道了歉，但是并没有帮助孩子改正错误，导致孩子继续犯错。孩子犯了小错一句道歉可以了结，但是犯了大错必须要得到教训。

有这样一个故事。一对父母带着孩子去朋友家玩，朋友家里有一个精巧的钢琴模型，孩子一直爱不释手地按着琴键玩。也不知出于什么心理，孩子居然拿起自己喝的水倒在了那个钢琴模型上，结果把模型弄坏了。

朋友将孩子的父母叫过来，孩子父母却只是让孩子道歉，丝毫没有告诉孩子错在哪里。朋友没有说什么，而是给了孩子一个红包，奖励他帮忙清洗钢琴模型。后来这个孩子在商场看到一架大钢琴，真的用水去洗了，结果孩子的父母为此赔了很多钱。

在这个故事中，孩子的父母犯了很严重的错误：孩子做错了事，道歉是应该的，但是父母没有让孩子意识到自己的错误在哪里、所犯的错误有多大。孩子对错误并没有清晰的认识，就不会改正错误。

孩子第一次犯错可能是因为不懂事，但是父母对错误的大小应当有清晰的判断。针对错误的大与小，父母再跟孩子沟通，让孩子认识到，有些错误仅仅道歉是不够的，还需要接受一定的惩罚。

比如偷窃，不管是偷拿同学的铅笔，还是偷拿同学的电话手表，都是偷窃，孩子不仅要道歉，还要接受惩罚。别以为孩子只是拿了同学的一支铅笔，家长就惩罚孩子是小题大做。虽然今天孩子偷的东西不贵重，但是偷窃就是偷窃，已然形成事实，惩罚能起到震慑作用，让孩子不再犯这样的错误。

说"对不起"有时候一点也不难，或许第一次说的时候会有些难以开口，但是说得多了，孩子习以为常，以为犯错之后，只要说句"对不起"就能解决问题。所以父母要让孩子意识到"对不起"背后所包含的意义，不仅要道歉，更要真心实意地改正。

父母的责任在于教好孩子，帮助孩子避免再次犯错。如果孩子再次犯同样的错误，父母就不能仅仅让孩子道歉，必须给予一定的惩罚。如果孩子所犯的错误比较严重，父母不仅要带着孩子道歉，还要主动承担后果，让孩子意识到自己闯的祸有多大。

父母在教育孩子道歉的同时，还要做到以下三个方面。

1. 道歉只是认错的开始，并不是认错的结束

每一个孩子都是在犯错中成长的，犯错之后及时改正，不再犯错便是一种成长。有些父母在孩子犯错后，大发雷霆，情绪失控，导致孩子害怕道歉。

父母要告诉孩子，犯错以后必须及时道歉，但道歉只是认错的开始，并不是结束。父母在教孩子认错的同时，要告诉孩子每个人都会犯错，重要的是认识错误本身；告诉孩子做错了什么、错在哪里、为什么要道歉，这样才能让孩子树立正确的价值观。

2. 无论多大的错误，除了道歉，还要让孩子承担后果

懂得教育孩子的父母知道，孩子犯错并不可怕，更重要的是帮助孩子培养责任感。责任感主要体现在，孩子犯错之后，不仅要道歉，还要为自己的错误负责。

承担后果能让孩子清楚地认识到自己的错误。比如，孩子不小心摔坏了别人的东西，父母可以帮孩子赔偿，但是赔款要从孩子的零花钱里扣除，这样孩子以后就不敢随便弄坏东西了。

3. 孩子犯错之后，一定要总结，帮助孩子成长

对孩子而言，每犯一次错，就是一次成长的机会。在孩子犯错之后，父母若不懂得借助孩子的错误行为来教育孩子，就让孩子失去了一次宝贵的成长机会。犯错并不是一件可怕的事情，父母要鼓励孩子总结犯错的原因。总结的过程让孩子认识到社会的规则与秩序，还可以帮助孩子加深印象，主动管理自己的行为，真正意识到错在哪里。

所以，道歉是一门学问，不是只说"对不起"三个字，更是犯错之后，如何避免再次犯错。当然，孩子犯错之后，父母必须让他主动道歉，如果是较为严重的错，比如弄坏了贵重的钢笔，孩子在认错的同时，还要主动承担赔偿的责任。

父母的高压教育给孩子造成了严重的心理负担，导致孩子在犯错以后，机械式道歉，并未意识到错误所在，只是尽到表面上的礼貌，这不利于孩子的成长。父母要帮助孩子改正错误，真正懂得道歉的含义，成为一个尊重他人的好孩子。

回应也有学问，
别让孩子变成一根"呆木头"

我们在聆听时，不仅要会听，还要及时做出回应，表示自己在认真听。如果孩子不懂得回应，只是一味地听，对方会误以为孩子没有兴趣，渐渐地就会不知道如何继续讲下去。在沟通教育中，"回应"应该被放在一个重要的位置上，正确的回应能帮孩子赢得好印象，还能体现出尊重。

情商高的孩子懂得如何回应别人，而不是像一根木头，什么反应也没有。在回应时如果做出错误的反应，会让交谈双方感到尴尬，比如对方讲的是《西游记》的故事，孩子却回应《水浒传》的内容，不用想都知道双方会有多尴尬。在恰当的时候做出正确的回应，才算会回应。

成成刚升入三年级，学习成绩并不是很好，而且还有个坏毛病，就是不喜欢回应别人的问话，就算是老师的提问也很少回应。有一次，老师在课堂上点名让成成背诵课文，成成一直坐着，半天没回应，同学都看向成成，成成不以为意。老师因此批评成成，成成也不当一回事。

不仅如此，成成回应别人完全看心情，高兴的时候回应几句，自己感兴趣的话题就会说几句，若是遇到不感兴趣的东西，一句话也不会说，即使听见别人问他也会当作没听见。在生活中也是如此，成成遇到长辈从不打招呼，就算长辈问他学习成绩，他应都不应一下，给人很不好的印象。

回应他人不仅是一种礼貌，更是交流过程中非常重要的一个环节。如果你在与别人交流时，对方一点反应都没有，你心里肯定会不高兴，认为对方没有听你讲话，最后匆匆结束交流；下次再遇到时，肯定不愿意再跟那人交流。

不懂得回应的孩子在外人看来十分呆板，也没有什么礼貌可言。现在很多孩子习惯了独自一人玩乐，一个人的时候，无论别人怎么叫他，他都不会回应。久而久之，他对于他人的呼唤就会充耳不闻，就算听到了，也不会有任何反应。

尽管孩子玩得投入，但仍然可以进行简单的回应，比如回答"我听到了""我知道了"之类的话语。如果对方还在说什么，孩子可以回应"我还要玩一会儿，一会儿再说"。这样孩子既回应了对方，又表达了自己的想法。

不懂得回应的孩子，走到哪里都会给人留下自私自利的印象。但是一个懂得回应的孩子，大家都喜欢跟他聊天，这样能交到的朋友就会越来越多。

除了他人的呼唤，对于别人的赞美、批评或是质疑，孩子也要及时做出回应，这代表着一种尊重。当同学赞美孩子学习成绩好时，孩子可以简单地回应一句"谢谢"；当班长批评孩子不睡午觉时，孩子可以回答"我不是很困"；当别人质疑孩子做错事情时，孩子可以简单地说明情况，"事情是这样的……"，将误会说清楚，避免越描越黑。

很多孩子对于赞美不知道如何回应，这主要是孩子的虚荣心在作怪。当孩子得到赞美时，更多的是沾沾自喜，甚至有些骄傲。也有孩子对于赞美会显得不好意思，进行自我否认。其实，孩子们大可不必如此，面对赞美最好的回应方式就是道声"谢谢"，一句"谢谢"包含了所有的感激之情。

正确面对他人的赞美，能建立良好的自信心。孩子如果在某一方面做得不错，那就大大方方地接受赞美；如果做得还不够好，也要表示感谢，决不能被赞美蒙蔽了双眼，要正确地认识自我。

除了获得赞美，孩子还会获得批评。孩子难免犯错，犯错之后受到批评是再正常不过的事。有的孩子心理承受能力弱，面对批评，哭着跑开；有的孩子脾气暴躁，面对批评和质疑时，情绪失控，和对方大吵大闹。无论是哪种情况，都不利于孩子的社交。

孩子喜欢听好话，也要学会听坏话。这个世界上没有十全十美的人，人总有缺点和优点，面对自己的缺点，要虚心接受，积极改正。如果我们做错了事，别人批评得有道理，不必争执，下次改正即可；如果别人批评得没有道理，我们可以为自己争辩，但是言辞不要过于激烈，表达自己的意思即可。

孩子迟早要适应这个社会，必须对他人的评价做出回应。这不仅是基本的礼貌，还体现着一个人的性格与心态，只有拥有积极向上的心态的人才能获得好人缘。面对赞美也好，遭受批评也罢，孩子都能准确地做出回应，这就是一种成长。

别再唯命是从，
你要教会孩子拒绝

生活中，孩子难免会遇到一些自己不喜欢做的事或是同学的无理要求，此时需要拒绝别人。但是很多孩子觉得很难开口拒绝，也不知道如何拒绝，还是会听从对方的意见，形成逆来顺受的性格。

拒绝他人是一件非常有讲究的事。如果孩子拒绝得不好，或是言语说得不到位，很可能让对方下不了台，再好的关系也会因此变得疏远。当然，被拒绝的人难免会闹小情绪，但该拒绝的事还是得拒绝。

有些孩子明明自己不喜欢，因为害怕别人不开心，硬着头皮答应下来，结果弄得自己很不开心。如果是自己不喜欢做的事，孩子可以直接拒绝。但是，父母要教会孩子拒绝的方法，直接说"我不喜欢"会让对方很难堪。

　　十一假期，婷婷的姑妈带着表弟轩轩来婷婷家玩。因为是姐姐，又是主人，所以婷婷对轩轩十分热情，把好玩的和好吃的都拿出来招待轩轩，还允许轩轩去自己房间选玩具。

　　轩轩是男孩子，平时都是玩玩具枪或玩具汽车，从未玩过芭比娃娃，于是拿起婷婷最喜欢的芭比娃娃。婷婷很舍不得，但是轩轩一直缠着婷婷。婷婷只好将芭比娃娃拿出来给轩轩玩，特意叮嘱他："小心些，不要玩坏了。"

　　轩轩随口应了声，高兴地拿起芭比娃娃玩了起来。轩轩是男孩子，玩的时候动作比较大，一不小心把芭比娃娃的裙子弄坏了。婷婷见到后，委屈地哭了起来。

　　生活中像婷婷这样的孩子很多，因为不懂得拒绝，自己受到了委屈。事实上，婷婷可以直接拒绝轩轩的要求，因为芭比娃娃是婷婷的，她拥有支配权，可以不借给轩轩玩。但是在拒绝轩轩时，婷婷可以给轩轩另外一样喜欢玩的玩具，缓解轩轩的情绪。

我们如果被要求去做一些自己不愿意做的事情，可以直接拒绝别人；如果不拒绝，就只能委屈地接受，到头来难受的一定是自己。现在很多人不知道拒绝，一味地忍让，结果对方得寸进尺，所提的要求越来越不合理。所以孩子从小就要懂得拒绝的方法。

无论做什么事情，我们首先是自己，然后才是家人和朋友，不能为了讨好别人而违背自己的意愿，这才是真正的尊重。掌握拒绝他人的方式和方法，我们就能充分保护自己的利益。孩子明明不愿意借作业给同学抄，可是同学一直纠缠，最终还是借给了同学。孩子明明拒绝了，为何还会这样？因为孩子拒绝得不够干脆。那么，孩子应该如何拒绝呢？

1. 通过肢体语言来拒绝

有些时候，孩子可以借助肢体语言来表达自己的意愿。比如，同学抢孩子的橡皮擦，孩子可以第一时间摆手，告诉同学这不可以。当孩子的利益被他人损害时，他可以双手交叉在一起，表示强烈的拒绝；如果对方还不肯罢休，那就可以直接开口拒绝了。

2. 直接说出自己的想法

对于同学的请求，如果孩子不愿意，可以直接说出自己的想法，明确告诉同学，快速打消同学的念头。比如同学分享零食时，孩子并不是很喜欢吃，可以直接拒绝同学，拒绝时可以说："虽然你的零食很好吃，但是我不能多吃。"

3. 用善意的语言来拒绝

我们拒绝别人一定要掌握好语言的分寸，既让对方理解自己的意图，又能保持应有的礼仪。比如在拒绝时，孩子可以先进行夸赞，通过"但是""不过"等转折词来表达自己的歉意，然后表达自己的拒绝。这样会让对方感受到尊重，理解孩子的拒绝行为。当然，在拒绝别人时，孩子一定不能流露出反感的神情，那样会引起对方的不悦。

4. 婉转地拒绝他人

对于同学的请求，孩子不知道如何回应时，可以先不做决定，而是借助拖延的方式来表达自己的拒绝。比如同学想借孩子的七巧板，但孩子并不想借给他，这时孩子可以说"我要考虑一下"或者"我马上就要用上了"之类的话语，既表达了自己的意愿，又给同学台阶下，不至于让同学难堪。

5. 拒绝时要认真听完对方的请求

在对方还没讲完时就直接拒绝是很不礼貌的行为，容易让对方反感。无论拒绝还是答应别人，我们都要保持足够的耐心，等对方把话讲完，弄清楚对方的理由和具体要求，经过深思熟虑之后再回答别人而不是随口拒绝，那样显得很小气。

拒绝是一门技术，只有掌握方法，才不会使双方因此生出嫌隙。同样地，孩子面临着"拒绝"和"被拒绝"。遇到不喜欢的事情，孩子要果断地拒绝。如果孩子的某些请求，对方也不喜欢，孩子就会被拒绝。那时不要难过，被拒绝并不是坏事，孩子同样会有收获。当孩子懂得拒绝又能接受被他人拒绝时，他的人缘一定不会差到哪里去。

第五章

这样的孩子没上限：
鼓励孩子融入群体，主动结交新朋友

反思：

你的孩子有与众不同的地方吗？

　　每个人都有擅长的东西，孩子也不例外。父母需要从小发现孩子的兴趣，然后将其培养成特长。特长能让孩子变得与众不同，建立起强大的自信。然而很多父母忽略了对孩子特长的培养，导致孩子自身没有特点，无法得到同学的认可。

　　研究发现，有特长的孩子比没有特长的孩子更受欢迎。擅长唱歌的孩子身边会围绕着喜欢听歌的同学，擅长打乒乓球的孩子在体育课或是课余时间打球会引起同学的围观。很多时候，特长能提升孩子的社交能力，因为特长为孩子打开了交友的通道。

　　现在，孩子学会一种本领需要花费很多时间，付出很多心血，一些父母担心孩子无法坚持下来。其实这种担心是多余的，孩子远比父母想象的坚强。世界上没有人可以不劳而获，想要得到什么，必须付出努力和汗水。培养特长还能锻炼孩子的毅力和耐心，让孩子的心智更坚韧。

从本质上讲，父母忽略对孩子特长的培养多是为了避免麻烦。因为孩子的学习需要父母的督促，孩子上兴趣班，父母必须又接又送，本来不多的休息时间就变得更少了。我们要说这样的父母也许并不合格，既然孩子有跳舞的天赋，为什么不让孩子学习跳舞呢？

千千在三年级时迷上了画画。她有画画的天赋，能独立完成一些简单的画作，老师也十分欣赏千千的画。于是，千千跟父母说想要学习绘画。千千父母当时的想法是，孩子还小，学习绘画需要很多时间和精力，而且将来也不知道可以做什么，于是劝千千打消这个念头。没有父母的支持，千千只好放弃画画。因为这件事，千千的性格发生了极大的变化，她总觉得自己比同学差，做什么事都没有信心。她越来越害怕与人交流，刚升上初中就患上了抑郁症。

孩子在拥有兴趣爱好时，希望得到父母的支持和鼓励。而千千的父母不但没有支持她，反而打击了孩子的积极性。如果千千的父母当时选择支持千千，鼓励千千去学画，千千也许就会走上截然不同的道路。即便将来千千没有机会进一步深造，她的人生也是愉快的。

现代社会竞争越来越激烈，孩子所面临的不仅是学习上的竞争，还有特长与专长的竞争。如果父母不从小培养孩子的特长，不利于孩子的发展。更重要的是，孩子在发展特长的过程中，所收获到的并不仅是一种能力，还有一种迎难而上、不畏艰苦的品质。

在培养孩子特长的过程中，父母要严格要求孩子，让孩子养成自我约束的好习惯，在不知不觉中锻炼自控能力。

通常，有特长的孩子更加自信。孩子可以感受到自己的进步，从会写一首诗到十首诗，从不会弹琴到会弹琴，从不会唱歌到会唱歌，孩子的付出终究会有回报。当收获掌声时，孩子将更加自信。如果孩子没有属于自己的特长，在与同学的比较中，可能感到自卑。这不利于孩子的成长。

学习特长是一件艰苦的事，孩子想要学会，就必须勤奋，所以学习特长会让孩子更加努力。现在很多孩子一遇到困难就变得十分焦躁，直接想要放弃，特别是在面对一些难题或是自己听不懂的地方时。学习特长可以培养孩子的决心，让孩子充满干劲。

父母要告诉孩子，只有付出努力才能有所收获。孩子通过学习特长，更能直观地感受到这个道理。很多孩子的问题在于做事无法坚持，往往只有两三分钟热度。事实上，特长的培养能锻炼孩子的毅力，让孩子懂得什么是持之以恒。很多特长不是一天两天就能学会的，而是需要孩子日复一日地练习。通过坚持学习，孩子每天都在进步，慢慢地养成坚持不懈的品性。

当然，在特长的选择上，父母应该给予孩子更多的选择权。如果让孩子学习自己不喜欢的东西，父母逼得再紧，孩子也不可能用心去学，更难以学会；相反，如果孩子对某一项才艺特别感兴趣，就会自发地去学，学起来也会更加容易，获得的满足感更大。

有些父母担心孩子的特长过于单一，恨不得每一项才艺都让孩子学一点，今天学绘画，明天学弹琴，后天学跳舞。殊不知，这种做法不仅不利于孩子特长的培养，还会让孩子变得好高骛远。父母要脚踏实地，根据孩子的兴趣爱好，选择其中一项特长即可，不需要什么都让孩子学，孩子学会一样就已经很了不起了。

孩子的品质会跟着特长的培养发生变化，很多时候，父母是可以感受到这种转变的。孩子所获得的远远大于自己的付出，通过勤奋获得的果实比任何言语上的教育更加有说服力，更让孩子感同身受。

· 父母对孩子的控制太强，

　会让孩子失去自我思考的能力。

有些评价会伤害孩子的自尊，
从而影响孩子的判断，甚至让孩子失去主见。

很多家长不知道：
友谊是从自我介绍开始的

孩子进入学校后，首先要进行自我介绍。好的自我介绍不仅会给老师和同学留下好的印象，还能对将来孩子的社交起到一定的作用。但是，孩子的自我介绍能力不是与生俱来的，需要父母的教导。

有的父母觉得孩子的自我介绍一点也不重要，只要随便说说自己的姓名即可。其实自我介绍所包含的内容非常广。孩子在两到三分钟之内把自己介绍清楚，能让老师和同学更加了解自己，同时也能增加自信。

孩子想要在学校获得好人缘，首先要让别人知道自己是谁。如果孩子都介绍不清楚自己，就很难结交到朋友，更不会有人主动与他打招呼。随着年龄增大，孩子面对的圈子会越来越大，接触的人会越来越多，这就更需要孩子进行自我介绍。

张红是市一小学一年级新生，报到那天，老师让每个同学上台进行自我介绍，张红表现得很不自在。轮到张红时，她不知所措，站在讲台上一句话也说不出来，只好红着脸回到座位上。班里顿时响起了一阵嘲笑声，尽管老师及时制止了同学，但是张红仍然感到委屈。

这件事成为张红心中的一根刺。尽管她的学习成绩很好，可是她一点也不自信，总觉得同学会在背后嘲笑她。就这样，她性格越来越内向，不愿意与同学交流，学习成绩慢慢滑到班级中游。

面对陌生的环境，很多孩子局促不安，不知道如何进行自我介绍，成为同学的笑柄。张红正是因为自我介绍失败而大受打击，同学的嘲笑不仅伤害了她的自尊，更影响到了她在班上的社交。况且张红因为不懂得介绍自己，不被人了解，结识不到新朋友，难免会陷入社交孤立的泥潭之中。

这件事最好的解决方法是，帮助张红解开心结。在上学前，父母应当教会孩子如何进行自我介绍，包括自己的姓名、来自哪里、有什么特长等，最好能在家里反复练习。孩子熟练后，走上讲台时就知道该说些什么，而不是愣在那里什么也说不出。

可以让孩子进行自我介绍的场景有很多种，比如家里来了客人，父母可以鼓励孩子自我介绍。如果孩子介绍得当，父母应给予表扬，帮助孩子建立自信。

一般来说，父母可以通过以下四个步骤教孩子进行自我介绍。

1. 自我介绍不是一教就会的，需要多练习

自我介绍虽然简单，但是要介绍得当，还需要父母陪孩子多进行练习。父母要告诉孩子什么是自我介绍，并进行一些简单的问答，具体做法是父母提问，孩子回答。比如，父母问："你叫什么名字？"孩子作答，父母再问："你妈妈叫什么名字？"等等。

把这类问题每天练习一次，等孩子熟悉之后，父母再加新

的问题。久而久之，孩子对此有了清晰的认识，在进行自我介绍时就会游刃有余。

2. 教孩子串联问题，学会自我介绍

当孩子对父母所提的问题都熟悉之后，父母要教会孩子把这些问题串联起来，让孩子独立进行一次自我介绍。如果孩子还是不知道说什么，父母就通过之前的问题来提醒孩子，让孩子仍然回答问题，只不过将问题的答案串在一起，最终完成一次自我介绍。随后，父母要反复训练孩子，帮助孩子加深记忆。

3. 增强孩子的自信心，让孩子在陌生人面前自我介绍

孩子在父母面前知道如何自我介绍还远远不够，更重要的是建立在陌生人面前介绍自己的信心。在陌生的环境中，孩子可能因为紧张，一句话也说不出来。所以接着父母要锻炼孩子的胆量，鼓励孩子向陌生人介绍自己。

刚开始时，孩子可能会结结巴巴，介绍不清楚。父母不应该打击孩子，应该给予支持和鼓励，孩子有了信心，多次练习之后，话语就能流利了。

4. 让孩子掌握自我介绍四个要点，走遍天下也不怕

自我介绍时要掌握四个要点：第一个要点是介绍自己的名

字，如果名字有寓意或是来历，也可以讲出来；第二个要点是介绍自己的特点，比如说话声音好听，让对方快速记住自己；第三个要点是介绍自己的特长，比如擅长什么，加深对方对自己的印象；第四个要点是说明自己与对方的关系，如果是在课堂上，可以说将来大家是同学，以后相互帮助之类的。将自己与对方关联起来，对方的记忆点更多。

掌握了自我介绍的技巧，孩子无论面对什么情况，都能从容不迫地介绍自己，快速获得他人的好感，从而建立起友谊，拥有良好的人缘。

孩子不是吓唬大的，
也要训练他的胆量

孩子不敢上台说话，最主要的原因是胆小。胆小意味着害怕行动，什么事都做不好，更别提在学校里进行社交了。父母要适当锻炼孩子的胆量，否则孩子长大后仍然会害怕交际。交流受到限制，不利于孩子的发展。

在训练孩子的胆量前，父母要明白一点，每个人都有害怕和恐惧的情绪。孩提时期，孩子对父母的依赖心很重，父母要帮孩子克服恐惧，平安度过成长期。只有锻炼胆量，孩子才能更好地适应外界。

通常孩子胆小有以下几个原因。

1. 孩子胆小与父母的教育有关

父母性格内向，不爱说话，日常与孩子的交流不多，孩子继承了父母的特点，也变得不爱说话。如果是这个原因，父母要改变教育方式，给孩子足够的勇气去面对生活。多让孩子进行尝试，比如向陌生人问路，父母要鼓励孩子大胆上前，给孩子壮胆。次数一多，孩子就不会再怕陌生人了。同时父母也要改变，做孩子的榜样。

2. 孩子胆小与生活环境有关

现在的孩子多生活在城镇，城镇的商品房属于较封闭的环境，孩子很少有机会与同伴接触，导致胆怯。这时，父母应该多带孩子出去走走，最好是去人多的地方，比如游乐园，鼓励孩子和其他小孩一起玩游戏。在玩的过程中，孩子能结识新的朋友。

3. 孩子胆小与父母的恐吓有关

孩子不听话时，父母总是拿一些可怕的事情来吓唬孩子，比如孩子想去外面玩，父母用孩子会被陌生人捉走这种话来打消他的念头；天黑了孩子不愿意回家，父母又拿鬼怪来吓唬孩子。这种做法会磨灭孩子的冒险精神，在孩子心里留下阴影，最终使孩子变得懦弱、胆小怕事。

4. 打骂教育会让孩子害怕犯错

只要孩子犯错，父母就会打骂孩子，这样会给孩子的心灵造成极大的伤害，导致孩子害怕失败，无论做什么事情，一遇到困难就会退缩。

除此之外，父母的溺爱也会让孩子变得胆小。当很多事情由父母解决时，孩子失去了尝试的机会，自然无法成长起来。孩子摔倒了，父母不应把孩子扶起来，而应鼓励孩子自己站起来。只有勇敢地尝试，孩子才能学到真本领。

正在读四年级的司马宇学习成绩不错，是老师眼中的乖孩子。可是他有一个缺点，就是特别胆小，有时候同学抢了他的东西，他都不敢抢回来，只能坐着干哭。虽然司马宇从小跟在爸爸妈妈身边，但爸爸工作忙，经常加班，妈妈又要带刚出生的妹妹，只能让他一个人在家玩。

小时候，司马宇喜欢出去玩，可妈妈不方便带着妹妹出去，于是吓唬他："你不要乱跑，小心被人拐走，再也见不到爸爸妈妈。"尽管如此，他还是经常一个人去外面玩。有一次他跑得有点远，找不到回家的路，被一位好心的大叔送了回来。但他以为大叔是人贩子，吓得连续好几天做噩梦。

从那以后，原本活泼好动的司马宇变得格外胆小，不敢一个人待在家里，不敢独自外出，做任何事情都很小心，性格也越来越内向，与人交流时声音像蚊子的叫声一样小，根本听不清楚。正因为他很少说话，在班里几乎没有朋友。

每个孩子都是不同的个体，需要发展独立的思维能力。但是孩子年龄小时，对事物的辨识能力差，并不能准确分辨事情的对与错。父母一味地吓唬孩子，虽然能起到一定的作用，但是对孩子而言就是难以释怀的恐惧。这种恐惧心理会伴随孩子整个孩提时期，让孩子养成胆小怕事的性格。

无论是哪个孩子，都要有面对陌生环境的能力。勇于挑战未知才能让孩子全面发展，如果孩子不够胆大，不敢走出去，思维格局就会受到限制。其实，孩子们的想法非常简单，没有多少坏心思，只是在看到存在某些缺陷的孩子时，觉得新奇，无意中把他们当作取笑的对象。被取笑的孩子不知道如何应对，显得孤立无援，无法在班上立足。

因此父母必须训练孩子的胆量，告诉孩子没什么可怕的，大胆尝试，大胆去做，失败了也没有关系，从头再来就是。那么，父母应该如何锻炼孩子，提高孩子的胆量呢？

第一，孩子不小心做错了事，父母不要动不动就打骂孩子，以免孩子出现自卑心理。最好的做法是就事论事，让孩子明白做错了什么，要怎样来改正。

第二，面对孩子不熟悉的事情，父母要鼓励孩子去尝试，多给孩子一些机会，让他做一些以前不曾做过的事。如果孩子做得不到位，父母与孩子一起分析原因，找出问题所在。比如爸爸给孩子买了积木玩具，孩子之前从来都没有玩过，爸爸可以先让孩子自己摸索一下。如果孩子有不懂的地方，爸爸要及时给孩子解惑。刚开始孩子可能完成得很差，但是次数一多，就能独立拼装了。

第三，如果父母老拿孩子与别人家的孩子比较，贬低自己的孩子，那么孩子的内心会坚定地认为自己就是不如别人，渐渐地变得胆小怕事。父母在教育孩子时，总是说邻居家的孩子怎么样怎么样，却从来不想自家的孩子怎么样，这是不对的。父母应多看看孩子的优点，鼓励孩子向优秀的孩子学习，而不是一味地贬低自己的孩子。

第四，如果有些事情孩子自己能独立完成，比如玩拼图，父母要放手让孩子自己来拼，千万不要干涉孩子。如果遇到不懂的地方，孩子可以向父母请教。父母以指导为主，不能直接帮孩子解决问题。

第五，在确定外界环境没有危险或发生危险的概率不大时，父母应该鼓励孩子独自外出，比如去找社区里的其他小朋友玩或是去附近的超市买点东西。当然，放孩子外出前，父母应该教孩子一些应对危险的方法。如果父母还不放心，可以尾随其后，看看孩子表现得怎么样，等确认孩子可以独自外出之后，再慢慢放手。这样孩子才能渐渐独立起来。

第六，生活中，孩子总是会遇到各种各样的困难，父母要鼓励孩子独立解决问题。只有当孩子真的解决不了问题的时候，父母才能出面帮助孩子。父母帮助孩子也不要直接解决问题，而是要通过引导，告诉孩子解决问题的方法。

第七，生活里处处充满着惊喜，探索精神更符合孩子的心性。父母要培养孩子自我表现欲，并给予孩子一定的奖励，完全释放孩子的胆识。

当孩子的胆量得到提升之后，他将来做什么事都不会害怕。孩子终归要独自面对陌生的环境，一个胆大心细的孩子更能应对自如。孩子敢于走到人前，主动结交朋友，他的社交圈自然会越来越大，成为班上的小红人。

记住：
你可以教孩子自信而不是自大

一个人能否获得成功，自信非常关键。自信可以帮助孩子快速成长，获得老师和同学的称赞，但如果孩子不能正确面对称赞，内心不断膨胀，最终变得自大、自负，反而不美。

潮涨潮落，成功一次不代表永远都能成功。孩子需要保持成功的势头，进一步学习，努力提升自己，才能一直处于前列。孩子小测验拿了一百分，并不意味孩子真的什么都学会了，只是这些测验题孩子都会了。如果孩子因此沾沾自喜，不思进取，上课不用心听课，到期末考试时，成绩自然就会直线下滑。

郎华的父母都是公务员，对郎华寄予厚望。在教育郎华时，他们采用了完全不同的方式。当郎华做了好事，父母会表扬他，但是不会表扬得很厉害，防止他自大。爸爸在教郎华写作业时，会提许多课本外的知识，让郎华意识到学习没有止境，自己懂得的东西还很少。

　　读五年级时，郎华考了全班第一名。郎华非常得意，爸爸发现后，把他叫到身边，教诲他："无论你取得多好的成绩，都只是现阶段的成果，并不意味着学习就到了尽头，你要看得更远。你现在所学到的东西在知识的海洋中只是九牛一毛。一个人只学到一点知识就骄傲自满，那是非常可怜的。"

　　听了爸爸的教诲，郎华惭愧地低下了头。从那以后，他再也没有为自己所取得的成绩而骄傲，因为他知道这只是开始，还需要继续进步。郎华父母的这种教育方式获得了巨大的成功，郎华成绩在班上一直处于前列，是学校重点培养的对象。

天赋并不能决定一个人的未来，再聪明的神童，如果骄傲起来，也容易泯然众人。一些原本资质不错，拥有强大学习能力的孩子为什么最终离学校越来越远，就是因为他们在取得成绩后，容易骄傲自大，止步不前。一次的成功并不能说明什么，取得一次好成绩绝不是一种成功，相反是一种警示。只有保持谦虚的态度，我们才能不断地提升自己，获得更好的人缘。

孩子因为年纪小，不能正确对待别人的称赞，难免会自大。父母一旦发现，就要及时提醒孩子，避免孩子因为盲目自大，失去进一步成长的可能。每个孩子都有虚荣心，父母绝不能让虚荣心成为孩子进步的绊脚石，只有真正的自信才能让孩子所向披靡。那么，父母怎样做才能帮助孩子建立自信，而不至于自大呢？

1. 尊重孩子，帮助孩子建立起自信心

过于苛刻的父母在教育孩子时，总是将一些很小的错误放大，通过言语来数落孩子，这对孩子的自信心是毁灭性的打击。父母的话在孩子心里会造成很大的影响，一句"你真的很笨"会深深地印在孩子心里，孩子会以为自己真的不聪明，做

什么事都没有信心。

所以，父母在教育孩子时，应当体现出足够的尊重，并让孩子感受到父母的尊重，在这种前提下，发现并引导孩子的兴趣。即使孩子犯错，父母也要充分尊重孩子，不进行人格上的侮辱甚至是打骂，而要想办法帮助孩子改正错误，这样孩子的自信心才会慢慢建立起来。

2. 信任孩子，让孩子感受到信任的力量

很多父母总是觉得孩子还小，当孩子遇到困难时，总是第

一时间出手帮助孩子，甚至让孩子休息，自己来解决问题。殊不知，这种做法会极大地损害孩子的信心。自信心往往建立在成功的基础上，当孩子独立完成一件事的时候，他们会感受到极大的喜悦，并因此变得格外自信。

比如孩子想要自己洗澡，父母觉得洗澡存在着潜在的危险，不让孩子自己洗。父母纵然能帮孩子，可是孩子终归要自己动手的，所以不如放开手，让孩子试一试。刚开始父母就站在旁边，看孩子完成得怎么样，脸要怎么洗，水温要怎么调，手把手教会孩子。等孩子熟练之后，父母就可以让孩子独自洗澡了，要相信孩子能办到。

父母要相信孩子，不要怀疑他们的能力，当父母给予他们足够的信任和帮助，他们会更加踏实和自信。

3. 肯定孩子是孩子进步的原动力

每一个孩子都需要父母的肯定，有时候父母简单的一句话，能让孩子发挥极大的力量。因为孩子都希望父母以自己为荣，所以他们会尽力做到最好。很多父母不喜欢鼓励孩子，认为鼓励太多，会让孩子骄傲。

事实上，父母的鼓励不仅不会让孩子骄傲，反而会增加孩子的自信心。父母永远是最欣赏孩子的人，试问，连父母都不欣赏自己的孩子，孩子何来自信可言？父母一句"你是最棒的""孩子你真聪明"会给孩子带来极大的自信。父母在鼓励孩子时，也要教育孩子不能因一时的成功而自满，要不断地学习，不断地进步。

4. 扩大眼界，有效防止孩子从自信变成自大

孩子过于自信，就会变得自大。自大不利于孩子的发展，所以父母在帮助孩子建立自信心的同时，要教育孩子克服虚荣心，最好的办法是增长孩子的见识。

孩子受眼界所限，看到的只是很窄很浅的层面。如果眼界变宽，孩子就会觉得在班上取得的成绩不值一提，因为有了更高的追求。孩子喜欢星空，父母可以带孩子去天文馆看看真正的星空是什么样的，看看人类所生活的地球在宇宙中有多么渺小。孩子认识到自己的渺小，就无法骄傲和自大了。

成功在于不断地努力。人生的路很长，满足于一时的成功，只会故步自封，只有继续努力上进，孩子才能取得更大的成就。

拒做"独行侠"，
鼓励孩子与他人合作

随着社会的进步，崇尚个人英雄主义的时代一去不复返，现代社会中各行各业都需要人与人之间相互配合。团队永远在个人之上，绝不能让个人凌驾于团队之上，所以人与人之间必须建立良好的合作关系。

一个人想要在社会上立足，必须学会与他人合作。只有集体协作，才能充分发挥个人和集体的价值。孩子的社交能力差，很可能与孩子不懂得与同学合作有关。

孩子要适应集体生活，因为孩子大部分时间与同学待在一起，难免要与同学合作完成一些事。如果孩子总是以自我为中心，很可能引起同学的反感甚至是排斥，导致孩子社交不利。

父母要让孩子知道一个人的力量是有限的，只有与他人合作，个人能力才能得到最大程度的发挥。不仅如此，父母还要通过简单的故事和游戏让孩子深刻地明白这个道理。比如玩"两人三足"的游戏，两个人分别跑得快不行，要两个人配合默契一起跑得快才行。大家只有通力合作，才能最大限度地发挥每个人的价值。孩子要大方一点，大胆与同学合作。

在某所机关小学里，体育老师组织了一场足球赛。周江从小就爱踢球，是英超联赛利物浦球队的死忠粉，觉得队友踢球的水平都不行，自己一个人踢就能赢。于是他该传球时不传球，一个人带球往球门冲。

最终周江所在的队伍输了比赛，队友责怪周江："你怎么回事，足球是一个人玩的？"周江想解释，但对方没给他机会。从那以后，再也没有同学愿意和他一起踢球，老师再次组织足球赛时，大家都不愿意跟他一队。最终大家把周江排除在外，周江只能自己到一旁玩球，朋友也越来越少。

周江因为不信任队友，不懂得配合，失去了朋友。足球是一项团队运动，一个人踢得再好，不懂得与队友合作，是无法取得最后的胜利的。生活中很多事情也是如此，只有懂得与他人合作的人才能获得成功，那些抱着个人英雄主义的人最终会失败。

很多事情是在团队成员的相互配合下完成的，如果成员不懂得配合，团队最终只是一盘散沙，无法成就大事。培养孩子的合作意识，父母可以这样做：

1. 营造良好的家庭氛围

在好的家庭氛围中成长的孩子，更能明白团队合作的重要性。父母越开明，孩子肯说心里话，性格就越开朗，在学校里更容易与同学打成一片。在家里，父母要试着与孩子一起完成某一件事，比如洗衣服时，妈妈可以让孩子帮忙拿衣架，弄好后，再让孩子拿出去晾晒。合作让孩子体会到劳动的乐趣，又能增进母子间的感情。

2. 对孩子提出的问题要耐心地解答

当孩子向父母求助时，父母一定要耐心地帮助孩子，不要因为手里有事就拒绝孩子。比如孩子想要画一只大恐龙，涂色非常麻烦，想要妈妈陪着一起涂。妈妈尽量不要拒绝孩子，因为这是培养孩子团队合作意识的绝佳机会。

3. 放下父母的身段，虚心向孩子请教

一些父母总是高高在上，放不下面子向孩子请教问题。事实上，父母遇到困难时，也可以征求一下孩子的意见，即使孩子提出的方法没有作用，父母也要给予鼓励。比如刚刚播完的电视剧，妈妈很感兴趣，可以问一下孩子电视剧讲了什么，鼓励孩子讲出来。父母肯虚心求助，孩子也会懂得求助。

4. 有些家务，父母可以和孩子一起做

合作对孩子而言，不应该只停留在说教的层面上。父母应该通过实际行动让孩子明白合作的重要性，比如一起叠被子、一起做家务。父母通过这些日常的小事能帮助孩子学会与父母合作，培养孩子合作的积极性，使孩子更容易与同学配合。

孩子学会团队合作，就会把自己放在合适的位置上，而不是凌驾于集体之上。孩子与同学的配合会帮助他赢得许多友谊，他的社交圈会越来越大，人也会越来越开朗。

教会孩子欣赏他人，
认清彼此间的差异

欣赏他人是一种非常重要的社交手段。每个人都爱听到别人赞扬的话，一句简单的称赞能快速拉近两个人之间的距离。因此那些总喜欢挑别人毛病的孩子，在学校里很难结识新朋友。每个人身上都有毛病，有智慧的人看到的不是别人的毛病，而是优点。他们通过欣赏他人的优点，让彼此更愉快地相处。

事实上，懂得把掌声留给别人的孩子，会受到更多的关注和喜爱。在一些孩子的意识里，他们可能以为欣赏他人就是贬低自己，因而对他人的优点不闻不问。明明同桌写字写得好看，孩子却只看到同桌的错别字，挖苦同桌连字都写不对。这样一来，两个人的关系只会持续恶化，因为孩子留给同学的印象就是自私、冷漠和不好相处，同学会下意识地离他远远的，不愿和他走得太近。欣赏他人是一种本领，更是胸襟豁达的体现和对他人的尊重。

有这样一则寓言故事。两个猎人外出打猎，都猎到了两只兔子。第一个猎人的妻子看了兔子非常不高兴，认为丈夫一点用处都没有，结果猎人心里不高兴，第二天打猎时发挥失常，一只兔子也没有猎到。第二个猎人的妻子看到两只兔子非常高兴，连声称赞她的丈夫，结果第二天，她的丈夫打到了四只兔子。

在这个故事中，妻子的态度不同，导致的结果也不同。称赞他人能让对方获得极大的自信，尤其当人完成一件事情后，渴望得到别人的称赞，一句简单的赞美会成为他继续前进的动力。

人与人之间想要和谐相处，必须懂得欣赏他人。只有双方相互欣赏，才能获得彼此的认可。欣赏他人是人在社会上安身

169

立命的一种本领。孩子也是如此，在学校要懂得欣赏同学，而不是戴着有色眼镜去看同学所取得的成绩。

　　期中考试的成绩发下来后，小丽发现自己是第二名，比第一名佳佳差了二十多分，这让小丽很不高兴。佳佳原本可以上重点初中，因为升学考试时发挥失常，才来到这所中学。小丽特意将佳佳约了出来，两个人在广场上吵了起来，最后甚至还动起手来，佳佳被推倒在地，摔破了膝盖。

　　佳佳的父母带着佳佳来到学校质问小丽，小丽终于说出了实情。原来佳佳的成绩一直比她的好，她为此感到十分羞愧、焦虑，一直希望佳佳转学。

　　小丽因为妒忌，没有看到佳佳的长处，产生了极端的想法。绝大多数校园冲突是由极小的矛盾引发的。小丽没有正视她与佳佳之间的差距，反而将这种差距当成了自己取得好成绩的绊脚石；她没有想着提升自己，而是想通过卑鄙的手段将佳佳赶走。这种做法只会加深两个人之间的矛盾，不能彻底解决问题。

如果小丽能够欣赏佳佳的长处，通过赞美佳佳的成绩来激励自己，那么她前进的道路上多的就不是一个竞争对手，而是一个好朋友，她的进步会越来越大。不仅如此，若是在小丽欣赏佳佳的同时，佳佳也欣赏小丽，两个人你追我赶，成绩都会获得质的飞跃。

既然他人身上有自己所没有的优点，我们不如放下姿态，真心实意地欣赏对方，这更能显示出自己豁达的心境。

父母要让孩子认识到欣赏他人的重要性，真心称赞他人。当然，孩子有时候因为过强的自尊心，不愿意承认同学的优秀，导致在称赞他人时，有意歪曲事实，将称赞变成了挖苦。我们既然欣赏他人，那就要实事求是，有一说一，不要要小心眼儿，那样不仅达不到效果，反而会让自己更难堪。

懂得感恩的人更容易发现身边的真善美。看到别人的闪光点，不吝啬自己的赞美，我们不仅能获得好的人缘，更能通过向优秀的人学习使自己进步。

第六章

社交中孩子常犯的错误：
必须避免的社交禁忌

注意力不集中
让孩子失去朋友

科学研究表明：孩子的注意力很难长时间集中。在幼儿园，一节课的时长为十五到二十分钟，然后课间休息，通过游戏转移孩子的注意力。进入小学后，孩子需要转变，让自己的注意力长时间集中。

注意力不集中是孩子常犯的一种社交禁忌。试想，孩子在与同学交流时突然走神，没有认真听对方讲话，对方知道后一定非常生气。事实上，孩子之间的交流重在真诚，孩子总是东张西望，会让对方觉得不够尊重自己，给人留下极其不好的印象，社交效果自然很差。

读二年级的潘潘最近很烦恼，因为最要好的朋友石头不理他了。原因很简单，他们在一起聊天时，潘潘总是走神，没有用心听石头讲话，石头发现后就与潘潘争执起来。

　　石头觉得潘潘没有尊重他，因为每次自己讲话时，潘潘总是坐立不安、到处张望，似乎并不想听他说话。其实潘潘没有这方面的意思，但无论他怎么解释，石头就是不听，最终两个人的关系变得越来

越差。

老师将潘潘和石头叫到办公室，说起潘潘注意力不集中的问题，石头这才明白潘潘不是故意的，于是原谅了潘潘。潘潘表示以后一定改正。

孩子注意力不集中，会导致同学之间产生不必要的误会。孩子注意力不集中主要有两个方面的原因：

第一个原因是受到外部环境的影响。

孩子在成长期对很多事物感到好奇，外界事物很容易吸引他们的注意力，比如妈妈跟孩子讲作业时，电视突然开始播孩子喜欢看的动画片，孩子的注意力就会被吸引过去。这时妈妈一定要告诉孩子，当别人跟他讲话时，要保持专注，绝不能被其他事物影响。

第二个原因是孩子本身的自制能力比较差，不能长时间将注意力集中在一件事上。

比如父母与孩子交流时，孩子刚开始会听得很用心，可是时间一久就会表现得极不耐烦，因为注意力无法集中起来。所以父母要控制谈话的时间，并且告诉孩子，无论要谈多久，一定要尊重对方，千万不能左顾右盼。父母可以通过以下几种方式来提高孩子的注意力集中程度：

1. 更合理的安排，避免孩子受到外界的干扰

对外界事物保持好奇是孩子的天性。既然很多事物可能会影响到孩子的注意力，那么父母可以将那些影响孩子注意力的事物移开。比如孩子写作业时想看平板电脑，父母可以将平板电脑放在孩子看不见的地方。

2. 兴趣是最好的老师

孩子注意力不集中，很大原因在于不感兴趣。孩子如果对所倾听的内容十分感兴趣，定然会表现得十分专注。父母要注意培养孩子的兴趣，让孩子保持充分的热情。最好的办法是利用游戏的方式，让孩子参与其中，调动孩子的积极性。

3. 有计划的训练能让孩子的注意力更集中

孩子注意力不集中可能是一些其他原因造成的，父母要针对孩子的问题具体分析，找出问题所在，并制定合理的训练方法。比如孩子总喜欢东张西望，父母可以找一张纸，让孩子盯着那张纸五分钟。孩子要是转移视线，父母及时指出来，帮助孩子训练。孩子坚持训练，注意力集中程度定然会

有所改善。

4. 让孩子带着问题去交流

父母在与孩子沟通时，可以事先向孩子提一些问题，让孩子在沟通过程中寻找答案，如果孩子答对了，给予一定的奖励。比如父母要给孩子讲故事，可以先设定几个问题吸引孩子的注意力，告诉孩子问题的答案就在故事中，然后再给孩子讲故事。孩子的兴趣被问题调动起来，注意力自然更加集中。

5. 从看、听、读三个方面进行综合锻炼

父母可以帮助孩子选择一套配有视频和录音的书籍，让孩子先看画面理解故事；然后再让孩子听录音，加深对故事的理解；接着让孩子读故事，通过回忆相关的画面让理解更深。当对事物的理解越来越深时，孩子会慢慢安静下来，从而养成注意力集中的好习惯。

6. 早睡早起是集中注意力的保障

如今的孩子学习压力大，经常写作业到很晚。孩子如果睡眠不好，第二天头脑都是昏昏沉沉的，一点精神都没有，更别提集中注意力了。父母想要孩子的注意力更集中，必须让孩子养成早睡早起的好习惯，孩子的精神好，注意力自然更好。

7．帮助孩子减轻压力

孩子注意力不集中，有一部分原因在于孩子学习压力过重，产生了心理负担。所以，父母要帮孩子减压。孩子越轻松，注意力就越容易集中起来；反之，在巨大的压力下，孩子很容易走神。当孩子的注意力提升后，他无论在学习还是社交上，表现都会有质的飞跃。

喜欢动手打人的孩子，会被贴上"坏"标签

孩子与同龄人在接触的过程中，难免会因为一些小事产生摩擦。当矛盾产生时，孩子若因为不懂得控制情绪，直接动手打人，导致矛盾加深，同学会给孩子贴上"坏小孩"的标签。这样不利于孩子的成长。

父母要教育孩子，无论有多大的矛盾，都不能动手打人。动手打人不仅是失去理智的表现，更是一种暴力侵害。不仅如此，没有哪个同学愿意跟喜欢动手打人的孩子交朋友，这样孩子的社交范围会越来越小。

亚亚刚上小学，父母就被老师叫去了好几次，

都是因为亚亚在班上动手打人。父母教育过亚亚很多次，但是一点效果也没有。今天，亚亚妈妈又被老师叫到学校，原因是亚亚向一个同学借橡皮擦，同学刚好没带，他们发生了争吵，亚亚就动手打了对方。

亚亚妈妈非常生气，一到学校就动手打亚亚，老师怎么拦都拦不住。正是因为这件事，老师发现了问题所在。亚亚动手打人的习惯可能是跟父母学的。事实也是如此，亚亚的爸爸脾气很差，一生气就会打人，平时亚亚没少挨打，渐渐地就养成了爱打人的习惯。

社会越来越文明，动手打人成为最低级的处事方式。不仅如此，动手打人还会对自己的未来发展造成巨大的负面影响。要知道，没有人愿意与一个喜欢骂人、打人的人交流，孩子也是如此。

孩子心智随年龄的增长慢慢成熟，渐渐有了辨别是非对错的能力。大多数父母会教育孩子不要与喜欢动手打人的同学做朋友。那些喜欢动手打人的孩子，被定义为班上的"坏"孩子，没有同学喜欢，最终成为被孤立的对象。

有些父母对于孩子打人、骂人的情况置之不理，致使孩子养成了打人、骂人的坏习惯。习惯一旦形成，就会渗透到生活的方方面面。在家里孩子打父母，父母可以不当一回事；到了学校，如果孩子动手打同学，事情的性质就完全不同了；将来走上社会，孩子动不动就打人，很容易走上犯罪的道路。

所以，父母一定要想办法帮助孩子改正打人的坏毛病。具体来说，父母可以从以下几个方面着手：

1. 找出病因，有针对性地解决问题

孩子不会平白无故地动手打人，背后一定有原因。在教育引导孩子时，父母一定要将原因找出来，有针对性地解决问题。通常孩子动手打人，主要是因为孩子语言表达能力差，说不过对方，情急之下才动手；另一个原因是孩子为了引起他人的注意，显示出自己的独特。对于缺少家庭关爱的孩子，动手打人主要是为了引起父母的注意。

如果孩子因为语言表达能力差而动手打人，那么父母要帮助孩子掌握沟通的技巧，教孩子如何准确地表达自己的想法，避免孩子用过激的行为来代替语言。

如果孩子担心语言不能引起对方的注意，所以选择动手打人，那么父母要教会孩子一些吸引他人注意力的方法，使其正确与他人互动，比如改变表达的方式，通过表情吸引对方等。

孩子如果缺少父母的关爱，内心会产生极端的想法，所以父母最好多抽点时间陪孩子，减轻他们的心理负担，让他们健康成长。

2. 立即制止孩子打人的行为

当发现孩子动手打人时，父母一定要立即制止，严肃地教育孩子。在教育孩子时，父母要先问清楚原因，然后告诉孩子，无论什么原因，动手打人都是不对的行为。既然孩子在面对问题时不知道如何处理，那么教育之后，父母应当教给孩子更好的处理方法，这样孩子就不会以为打人是唯一解决问题的方式，从而改变自己的行为模式。

3. 给予一定的处罚，让孩子意识到打人的严重后果

孩子动手打人，父母必须进行干预，除了通过语言来教育孩子，还要给予一定的处罚。处罚千万不能是体罚，父母可以收回孩子喜欢的玩具、不让孩子看电视等，当孩子表现良好时，再给予相应的奖励。

语言上的教育会让孩子觉得打人不过是被说一顿，但是处罚能让孩子意识到打人的严重后果，在心理上产生畏惧，这样他才不敢再动手打人。当然，如果对方动手打孩子，孩子必须进行正当的自卫。

4. 反省自己的行为，树立好榜样

如果父母性格急躁，经常在家里吵架甚至动手，那么孩子也会养成动手打人的习惯。父母要反思自己的行为，回想自己有没有在孩子面前动手打过人，如果有，要立即改正过来，以后再也不要动手，给孩子树立好的榜样。

父母要记住，任何时候孩子都不能动手打人。这需要从小教育，让孩子养成良好的性格。不仅如此，父母还要以身作则，为孩子营造良好的成长环境。

如果始终以自己为中心，

不在意他人的感受，

孩子就会被集体拒绝在外。

个人式的英雄主义并不能解决问题，
只会让自己游离于集体之外。

经常发脾气的孩子，
走到哪里都不受欢迎

有些父母发现，孩子越大越不听话，稍有不如意的事情就大发雷霆，无论父母怎么说、怎么教，就是不听，甚至坐在地上大哭大闹。每个人都有脾气，成年人之所以很少发脾气，是因为懂得克制情绪。但是孩子就不一样。孩子无法管控情绪，当遇到不如意的事情，情绪就会爆发出来，孩子就会大发脾气。

没有人愿意与经常发脾气的人一起玩。孩子一有不顺心的事就大吵大闹，会将身边的朋友都吓跑。人最大的敌人往往不是别人，而是自己。人如果被情绪控制，将无法理智地思考问题。都说冲动是魔鬼，孩子过于冲动，只会让自己的人缘越来越差。

　　浩浩是一个脾气很倔强的孩子，起初父母工作不忙，有时间陪他。后来父母的生意越来越大，浩浩也升入三年级，没有人照顾不行，于是父母就将奶奶接过来照顾浩浩。浩浩对奶奶不理不睬，一点礼貌也没有，经常和奶奶顶嘴。

　　有一天早上，奶奶怎么叫浩浩，他都不愿意起床，奶奶只好打电话给浩浩的爸爸。电话一通，浩浩立刻就爬了起来，跟爸爸表示："我保证，再也不睡懒觉了。"到学校后，浩浩理也不理奶奶，直接走进了教室。

　　中午奶奶刚做完饭，老师的电话就打了过来。原来浩浩在上课的时候大喊大叫，根本不用心听讲，还影响其他同学。做课间操的时候，浩浩也不听话，一会儿碰碰前边的同学，一会儿弄一下后面的同学。老师说他几句，他就把课本丢在地上。中午吃饭的时候，浩浩故意将饭弄到地上，吃了没几口，全倒掉了。

　　"不高兴、烦、焦躁"都是负面情绪。孩子产生这些负面情绪在一定程度上是因为受到了周围人的否定。浩浩之所以在学校闹个不停，原因就在于早上奶奶不仅没让他多睡一会儿，还向爸爸告状，他很生气。因为不懂得管理情绪，他只好将气撒在别的地方。

　　目前绝大多数孩子不懂得控制情绪，容易动怒，父母要告诉孩子控制情绪的方法，教育他们不要因为一些小事情大发脾气，那样只会让自己的处境更加艰难。在家里时，父母就要有意识地帮助孩子控制情绪。

有些人喜欢故意做一些事情来激怒孩子，以此来获得乐趣。孩子头脑一发热，就做出糊涂的事情来，得不偿失。任何时候孩子都要保持冷静，控制好自己的情绪，无论遇到什么事情，都不能冲动，要静下心来想一想怎样处理效果最好。

孩子心爱的玩具被不小心弄坏了，大声吵闹时，父母要立即制止孩子，告诉他如果他再吵闹就不再给他买新玩具。孩子要明白：玩具本身有使用期限，必然会坏掉。明白这个道理，孩子才能控制情绪。孩子情绪失控时，父母要先震慑住孩子，再跟孩子讲道理。

生活中不可能事事如意，孩子如果对每件不如意的事都要生气，那么气量会越来越小，在同学眼中就是一个小气的人。

有些孩子容易生气，主要是性格造成的，或是受到父母的影响。比如父母脾气本就很暴躁，遇到事情时总是爱发脾气，教育孩子也是如此，动不动就打就骂，这样孩子的脾气肯定好不到哪里去。因为孩子在成长阶段，模仿能力很强，无论是正面的还是负面的行为，他们很快就会学会。

所以父母在抱怨孩子脾气不好时，也应该反思一下自己在日常生活中是不是脾气过于暴躁，给孩子带来了不好的影响。父母只有头脑清醒，理智地处理事情，才能带给孩子健康的家庭氛围，孩子自然不容易生气且接纳能力更强。

孩子发脾气，还有一个原因是想要的东西没有得到手。孩子因为语言表达能力有限，不知道采用什么方法来说服对方，只好通过发脾气的方式来获取。

比如孩子在超市看到喜欢的玩具一定要买时，父母拒绝了孩子的请求，孩子就会大发脾气，以此达到目的。这时父母十分清楚，孩子是在带着目的吵闹，如果父母这次妥协了，下次孩子还会这样，这样就会养成发脾气的习惯。父母最好的做法是坚持立场，无论孩子怎么闹，都不买给他。相反，当孩子控制住情绪，理智地表达自己的诉求时，父母可以将玩具当作奖励买给孩子。

提升孩子的表达能力能减少孩子发脾气的次数，因为很多时候孩子发脾气是不会表达造成的。孩子如果知道如何用语言把情绪表达出来，就不会选择发脾气了。

在孩子发脾气时，父母可以适当转移孩子的注意力，将孩子的情绪引导到别的事情上，防止孩子陷在愤怒中不能自拔。另外，父母要让孩子记住"三秒钟法则"，即想发火时停顿三秒。别小看这停顿的三秒，它能让孩子冷静下来。

除此之外，孩子乱发脾气时，父母可以进行适当的惩罚，不能听之任之。惩罚会让孩子意识到事情的严重性，因为害怕而控制自己的行为，从而达到使孩子控制情绪的目的。

没有责任心的孩子，
同学敬而远之

每个人都要为自己的行为负责，孩子也不例外。父母总认为孩子年纪还小，不懂事，觉得孩子不需要负责任，其实这是错的想法，会让孩子失去责任心。如果孩子的责任心不强，以后孩子遇到问题时就会选择逃避，做出越界的行为。

孩子犯了错，父母不仅要教育孩子，还要让孩子明白其中的道理，错在哪里，要如何改正才能避免再犯相同的错误。孩子要清楚所犯的错误有多大，自己应当承担什么样的责任，这样才会对错误有清楚的认识。

反之，如果孩子犯错后，父母只是简单地教育，想着逃避责任，那么孩子就会觉得做错事最多只是被骂一顿，不必负责任，今后还会犯相同的错误。孩子认识不到错误是可悲的，更可悲的是父母不懂得教育孩子，让孩子不断犯错。

　　星期天，年年和乐乐在公园里开心地玩着，突然，年年抓起一把落叶向乐乐扔去。乐乐也不甘示弱，抓起落叶还击，两人你来我往，很快就将原来工人清扫好的落叶撒得到处都是。这时，年年的妈妈和乐乐的妈妈急忙走过来，制止了年年和乐乐的行为。

　　年年的妈妈把年年叫过来，教育了年年，并要求年年把弄散的落叶收拾好。乐乐的妈妈不以为然，觉得孩子就是调皮了一些，教育一下就行了，没必要真让孩子把落叶收拾好。对此，年年的妈妈严肃地说："做错了事就要负责，不负责任的孩子就不是好孩子。"年年只好向清洁工借来扫帚，费力地扫起落叶来。

　　乐乐的妈妈听到年年妈妈的话后，认为她是对的，也让乐乐一起打扫。乐乐开始时有些不情愿，见年年接受了惩罚，也借来扫帚和年年一起扫了起来。

两个小孩花了足足大半个小时才把地面扫干净。自此，年年和乐乐再也不敢玩清洁工人扫好的落叶了。

在这个事例中，乐乐的妈妈与年年的妈妈教育孩子的方式不一样：孩子犯错了，乐乐的妈妈只是进行口头上的教育，并没有让孩子承担相应的责任；但是年年的妈妈不一样，她采取的是另一种教育方式，不仅让年年知道玩落叶是不对的，还让他为自己的行为负责，只有这样，年年才不会犯同样的错误。

孩子必须要为自己的行为负责，不管孩子有没有能力，父母都要让孩子明白有些事情是不能做的。现在很多父母对孩子的教育方式是理性教育，既不打孩子，也不骂孩子，孩子犯错后，只是教育孩子，却从不让孩子负责。这样的教育方式无法让孩子从错误中吸取教训，更无法让孩子提升自己。

一个人只有敢于承担责任，才能快速进步。承担责任不仅能提升孩子的责任心，还能帮助孩子建立健全的人格。今天孩子犯的只是小错，可以安然逃避责任，将来很可能会犯大错，到时悔之晚矣。

只有父母在小错上教会孩子承担责任，孩子才不会犯大错。所以孩子每一次犯错都是一次好的教育机会。

除了让孩子意识到错误所在，主动承认错误外，父母还要让孩子勇敢地面对错误，不逃避责任，成为一个敢于担当的好孩子。孩子有没有责任心，关键在于父母。父母的以下行为，会让孩子失去责任意识。

1. 过度给予，让孩子的意识薄弱

孩子想要什么，父母就给什么。如此一来，孩子就会认为自己想要什么就能得到什么。但是有些东西本身超出了孩子的需求范围。比如孩子想要一台手机，手机已经超出了孩子本身的需求，不能因为疼爱而盲目地满足孩子。父母要坚持立场，让孩子知道什么东西能要，什么东西不能要。而且有些东西需要通过自己的努力才能获得，而不是他人赠予。

2. 过度控制，让孩子失去自我

父母对孩子的控制欲太强，会让孩子失去自我思考的能力。有些父母总是要孩子按自己的意愿来做，却从不考虑孩子的真实感受。这种方式只会让孩子失去自我，没有独立意识和担当意识，养成不负责任的坏习惯。比如孩子想看某一部动画片，父母觉得里面讲的内容不好，不允许孩子看；孩子想吃瓜

子，父母却说瓜子吃多了会上火，不让孩子吃。这种管控会让孩子失去自我。

3. 过度保护，让孩子动手能力差

有些父母对孩子的保护简直到了不可理喻的地步。比如让孩子做家务，父母觉得孩子可能会受伤，就不让孩子动手；孩子不肯吃饭，父母不停地哄孩子，喂给孩子吃。殊不知，这种做法只会让孩子失去成长的机会。如果从来没有摔倒过，孩子就永远不会成长。

4. 过度包办，让孩子无法成长

有些事情孩子明明能做，但父母还是自己动手做。比如，孩子写完作业后，明明可以自己整理书包，但是父母不让。这样一来，孩子就失去了独立生活的能力。父母不让孩子做事，孩子就会成为一个生活中的木偶，行为能力会受到很大的影响。

父母想要提高孩子的责任意识，必须给孩子做事的机会，让孩子亲自动手。孩子动手的过程就是成长的过程，不仅可以获得生存的技能，还能建立起承担意识。

在家里，孩子应该有其存在的意义：孩子来到这个世上，

是为了学习本领。对于一些孩子力所能及的事，父母可以让孩子自己做，让孩子感受到自己也是被需要的，感受到自己的重要性。很多事情只有做过才知道艰难，孩子的责任意识也会因此越来越强。

不仅如此，父母可以试着与孩子合作，以此提高孩子的感知力，让他明白什么是责任、什么是义务，对生活产生不一样的认知。孩子完成某一件事之后，父母要给予认可和鼓励，这是孩子前进的动力。

孩子犯错自然要承担责任，父母可以通过惩罚帮助孩子建立责任意识。同时父母要让孩子明白，无论怎么样，父母永远站在他这边，帮助孩子减轻犯错后的心理负担。如果孩子所犯的错误比较严重，父母必须勇敢地站出来，与孩子共同承担责任，这样更能起到教育作用。

一个责任心强的孩子，会对自己的行为有清晰的认识，能成为同学的好榜样。

爱说谎的孩子没朋友，
教孩子诚实待人

越来越多的父母发现，孩子到了高年级后，说谎的频率越来越高。孩子说的话就连父母也分不清楚是真是假，这让父母感到很头疼。比如父母问孩子为什么回来晚了，孩子会说在学校写作业，所以回来晚了。事实上孩子可能是与同学玩得忘记了时间。

孩子如果喜欢对父母撒谎，那么也会对老师和同学撒谎。这是一个不好的习惯，喜欢说谎的人得不到朋友的支持。

父母发现孩子说谎后，一定要立即教育孩子，但是要注意教育的方式。孩子也爱面子，如果他在人多的时候说谎，父母不能直接拆穿，最好与孩子单独在一起时，再来揭穿孩子的谎言，这样既顾及了孩子的面子，又起到了教育的作用。

涛涛今年读三年级，特别爱说谎，父母拿他一点办法也没有。好几次，涛涛放学回来后放下书包就玩，妈妈问他有没有作业，涛涛都说没有。结果第二天老师打电话来，向涛涛妈妈反映涛涛没有写作业。涛涛妈妈打他、骂他，甚至不许他吃饭，但是一点作用也没有，只好放任不管。

只要结果对自己有利，涛涛就会说谎，而且谎话张口就来。有一次，同桌的尺子不见了，涛涛告诉同桌尺子是被佟少华偷了。同桌立即将这件事告诉老师，老师把佟少华叫到办公室，佟少华说什么也不承认，后来大家才知道原来涛涛说谎了。最终，佟少华与同桌都不再理涛涛，因为大家一致认为涛涛不可靠，无论他说什么，一概不信。

这就是《狼来了》，习惯说谎的孩子在别人眼中几乎没有信誉，不会再有人相信他。当孩子养成爱说谎的习惯，他的形象就会大大受损。一个爱说谎的孩子，没有人会喜欢，也不会受到同学的尊重，最终社交范围会越来越小。事例中的涛涛就是如此，因为爱说谎，同学都不相信他了。

诚信是非常重要的品质。一个人如果言而无信，将无法在社会上立足。孩子爱说谎，就无法获得友谊，所以父母必须帮助孩子改正爱说谎的毛病，培养真诚待人的好习惯。

1. 鼓励孩子讲真话

孩子说谎的原因有很多种，但最重要的一个因素是孩子不敢说真话。因为孩子犯错以后，如果说真话，会受到严重的惩罚，所以为了避免惩罚，孩子会选择说谎话。所以当孩子犯错时，父母不能只是打骂孩子，那样孩子再做错事时，就会用说谎的方式来保护自己。

父母要鼓励孩子说真话，而不是通过打骂教育孩子。比如孩子回家后总说老师没有布置作业，父母可以直接拆穿孩子的谎言，直接给老师打电话寻问作业。但是父母不能让老师知道孩子回家撒谎了，只要知道有哪些作业就行了，然后给孩子布置相同的作业。如果孩子不愿意做，父母可以跟他说这是爸爸妈妈布置的，必须完成。这样孩子就知道说谎也没有用。

父母可以告诉孩子，做了错事只要坦诚地说出来并主动承担责任，可以免除处罚。这能让孩子意识到错误并不可怕，可怕的只是逃避。

　　另外，父母可以用奖励的方式来鼓励孩子说真话。比如当孩子坦白自己所犯的错误时，父母要奖励孩子的诚实，而不是盯着孩子的错误行为不放。当然，凡事有度，父母要把握好度，做到平衡，才能真正达到教育孩子的效果。

2. 多关心孩子，千万别置之不理

　　每一个孩子都渴望得到父母的关爱，如果父母的关爱不够，那么孩子会想办法获得父母的关爱，最直接有效的方法就是说谎引起父母的注意。比如孩子会假装生病，其目的是引起父母的重视，父母不要因为这种事教育孩子，相反应该反思自己的行为。父母要多抽时间陪孩子，关心孩子的一举一动，在孩子说谎时给予正确的教育，让孩子体会到父母的关爱，久而久之孩子就会改掉说谎的习惯。

3. 以身作则，父母不能说谎

　　孩子爱说谎在很大程度上是受到了父母的影响，因为父母在拒绝别人的邀请时，常常采用说谎的方式。事实上，当孩

子遇到相同的事情时，会不自觉地模仿父母的行为，从而养成爱说谎的习惯。所以平时父母一定要注意自己的一言一行，要明白自己的每一句话、每一个动作都可能会给孩子带来巨大的影响。

不仅如此，有些父母为了哄孩子，会采用说谎的方式。比如孩子不肯上学，父母就承诺只要孩子乖乖上学，就给孩子买玩具。孩子一听，乖乖去上学了，可是父母并没有兑现自己的诺言。这会在孩子心里留下极其不好的印象，将来孩子也会为了达到自己的目的而选择说谎。父母在教育孩子时，一定要做到言而有信，成为孩子的好榜样。

4. 诱导式说谎，要格外警惕

有些孩子爱说谎的习惯，完全是在父母的诱导下养成的。比如父母带孩子去打预防针时，孩子因为害怕打针，不是很愿意去，父母就会问孩子是不是哪里不舒服，因为生病了是不能打预防针的。孩子一听，为了避免打预防针，会假装生病。当孩子发现这种方法可行时，便会再次说谎。这种行为就是诱导说谎，父母平时要谨慎，千万不能引导孩子说谎。

孩子压力大不利于社交，
教会孩子管理压力

随着社会的开放，竞争越来越激烈，孩子面临着巨大的压力。很多人以为孩子的生活是无忧无虑的，实际上孩子的压力远比成人预想的大。

孩子压力大，主要原因来自父母。父母对孩子的期望值过高，导致孩子不得不拼命学习。不仅如此，父母还会拿别人家的孩子与自家的孩子比较，导致孩子之间产生了不必要的竞争，自然而然产生了压力。

在为孩子制订计划时，父母要考虑孩子的实际情况，不要从父母的角度考虑问题。制订一个孩子无法完成的计划，对孩子而言是一种巨大的伤害。要知道，孩子的心理压力大会直接影响到孩子的心理成长，不利于孩子的社交和生活。

当心理压力过大又找不到人倾诉时，孩子就会做出极端的举动。

小辉自从升入六年级以来，过得极不开心，因为父母要求他考上重点初中，但小辉成绩只是班上中游，要考上重点初中有点困难。为此他只能加倍努力地学习，精神负担很重。在学校里他不与同学交流，整天不是看书，就是做试卷。每次做不出题目时，他就会感到烦躁不安，不停地咬笔。

有一次，小辉正在思考解题方法，同学不小心碰了他一下，小辉立即站起来，一巴掌打在同学脸上，在同学脸上留下了一个大大的手印。老师只好将小辉的父母叫来学校，小辉的父母不由分说，开始教训小辉。自此，同学都不再理小辉。没有人可以交流，小辉压力更大了，终于患了严重的抑郁症。

父母的要求过高，导致小辉的心理压力过大，他才出现了动手打人的行为。父母不仅没有正确地教导小辉，反而用打骂的方式让小辉的压力更大了。父母应当缓解孩子心中的压力，而不是给孩子增压。

孩子压力过大，情绪上会有剧烈的反应，容易出现烦躁、紧张、愤怒、注意力不集中等症状，甚至会有自卑的倾向。压力过大还会导致孩子自我怀疑，失去学习的信心，学习能力下降，做事犹豫不决，最终变得极其脆弱。

如果孩子的压力长期得不到缓解，情况会进一步恶化。为了缓解压力，孩子会做出说假话、动手打人、大哭大闹等不利于社交的行为。所以当孩子的压力过大时，父母要及时缓解孩子的心理压力。

1. 帮助孩子正确认识自己

孩子压力过大主要因为没有正确认识自己。父母要帮助孩子正确认识自己，面对自身的不足之处，积极发现自身闪光点，避免过度否定自己，同时找到属于自己的发展路线，这样孩子的压力会减轻许多。比如孩子的数学成绩好，父母可以多说说孩子的数学而不是语文。孩子产生了自信，语文成绩也会慢慢得到提升。

2. 孩子的压力来自父母，要避免给孩子过多的压力

每对父母都期望孩子能成才，但是成才的方式有很多种，不一定学习好才是成才。父母对孩子的期望要根据孩子的实际能力来，而不是凭空想象。比如孩子学习成绩不理想，但是有绘画上的天赋，父母为什么不让孩子学习绘画，一定要让他读死书呢？那样不仅不利于孩子的成长，还会影响孩子的心智发育。制定一个合理的目标，父母更能看到孩子的成长和进步。

3. 父母不要只关心成绩，还要关心孩子的身心健康

孩子不是事事都会对父母说，有些时候会不知道怎么开口，但是会在行为上表现出来，这就要求父母时刻关注孩子的变化。一旦发现孩子情绪不佳，或是睡觉、吃饭时表现不佳，父母要立即与孩子沟通，了解孩子的心理状况。孩子的情绪不佳，父母应当做好引导，带孩子出去玩一玩，不要只盯着成绩不放。

4. 用鼓励来缓解不必要的压力

处于成长期的孩子，无法正确面对每一个问题，有时候会把一些不好的事情无限放大，从而给心理造成负担。这时父母可以让孩子做一些自己感兴趣的事，比如孩子喜欢玩积木，

父母可以让孩子多玩一会儿积木。孩子做出一样东西来，父母要鼓励孩子，告诉孩子"你很棒"，帮助孩子在恢复自信的同时，缓解不必要的压力。

5. 让孩子在压力中获得成长，将压力转化为动力

每个人身上都有压力，父母在处理孩子所面临的压力时，最好的办法就是帮助孩子将压力转化为前进的动力。因为人都是在压力下成长的，有时候把自己逼一逼，会获得意想不到的结果。而且，孩子如果能克服困难，将知道如何应对今后所遇到的压力。

父母必须给予孩子足够的尊重，
这样孩子才会懂得尊重的意义。

研究表明，开放式的家庭教育，
孩子的综合能力更强。

情绪管教 如何逆转被小团体排挤的社交孤立

第七章

校园冲突无处不在：
帮助孩子化解社交冲突

孩子经常被同学嘲笑，
你要教他这样做

孩子被同学嘲笑，自尊心会受到极大的伤害。那些喜欢嘲笑他人的孩子有着强烈的控制欲，在校园里横行霸道，这种控制行为会成为吸引同学的利器。当孩子成长到一定阶段的时候，结交朋友的方式会发生改变，他们不再因为同一个玩具或是同一部动画片成为朋友，而是选择与自己年龄相仿、有着相同兴趣的孩子成为朋友。

在教育孩子之前，父母应该了解嘲笑者的本质。孩子之间的嘲笑更多是一种不带恶意的嘲讽，嘲笑者只是为了好玩，获得乐趣，或者是口头上的争论。那些社交能力强的孩子更能理解这一点，面对同学的嘲笑，能理智处理，坚定地表达自己的立场，不会被嘲笑所影响。应对语言暴力的最好方法就是拥有强大的内心，当内心足够强大时，无论多大的伤害，孩子都能承受。

　　在某附属小学读六年级的苗彬最近很苦恼。他的身高比同龄人的要矮得多，所以同学总是嘲笑他矮。苗彬听了很不高兴，叫同学不要这样说他。然而苗彬越是如此，同学就闹得越凶，甚至有些之前没有嘲笑他的孩子也加入进来。

　　现在班上的同学都不再叫他的名字，而是叫他"小矮子"。有一次隔壁班的朋友来找苗彬，坐在窗户边的同学立即大喊："小矮子，有人找。"苗彬很委屈，趴在桌子上哭了起来。他觉得很孤单，心里很痛苦，回到家后就跟妈妈说："妈，我不想上学了。"

　　苗彬的妈妈很震惊，得知事情的原委后，一时也想不出好的解决办法，只好向老师反映。老师把那些欺负苗彬的同学叫到办公室，严厉地批评了他们。可是事情并没有解决，那些同学见苗彬向老师告状，就变本加厉地欺负他，还威胁他不许说出去。苗彬痛苦极了，陷入了极度的自卑和恐慌之中。

很多校园暴力往往是小事情引起的。孩子不知道如何面对同学的嘲讽，最终沦为被欺凌的对象。对于社交困难的孩子，无论是什么样的嘲笑，都会对他造成巨大的伤害。他们会感受到威胁，会因此害怕，如果别人嘲笑过度，孩子会情绪失控，动手打人。如此一来，事情只会越来越糟糕，双方的矛盾更加无法调解。

如果孩子能正确地面对同学的嘲笑，那么再难听的话语也无法伤害到他。嘲笑是可以避免的，关键在于孩子如何去做。比如孩子因为自己的发型被同学嘲笑，父母可以帮他换一个发型。如果对方继续开玩笑，那么孩子可以利用玩笑来进行回击，说自己正是为了吸引大家的关注，才会换这个发型，通过自嘲的方式来化解尴尬。

以下几种方法可以帮助孩子正确应对同学的嘲笑：

1. 不把嘲笑者当一回事

应对嘲笑者最好的办法是幽默地进行回击，让对方感到自己的行为十分愚蠢。比如，有同学嘲笑孩子时，孩子可以回答"这些话对我没用""你以为我不知道这些吗"之类的话语。对方碰了一鼻子灰，自然不敢继续嘲笑。

2. 立即走开，不给对方嘲笑的机会

孩子可以不等对方回应，直接走开。即便对方想要继续嘲笑，孩子走开之后，对方也就失去了嘲笑的对象。

3. 如果不能走开，可以做一些不相干的事

孩子如果在教室里，面对同学的嘲笑没有办法走开，可以拿出书和笔来复习功课。如果对方仍然纠缠，孩子可以回击"不要影响我学习"，让对方自讨没趣。

4. 提升社交能力，拥有更多的朋友

社交能力能帮助孩子解决很多问题。如果孩子身边有一两个朋友，对方就不敢嘲笑孩子。所以父母要鼓励孩子结交朋友，孩子的朋友越多，嘲笑他的人就越少。

5. 用难看的脸色让对方知难而退

父母可教孩子做一些难看的脸色。难看的脸色会给对方一种震慑。在摆出脸色时，孩子要有足够的自信。平时父母要多陪孩子练习。一个严肃的表情，能帮助孩子化解很多社交

危机。

6. 直接面对背后议论的同学

有些嘲笑不是当面进行的，而是在背地里进行的。当不小心听到别人议论自己的话后，孩子要保持冷静，控制自己的情绪，大方地走过去，告诉对方"你们想说什么，可以直接跟我说"。挑明对方的行为和动机，才能起到遏止的效果。

7. 该反击时就反击

如果嘲笑者步步紧逼，孩子可以进行反击。但是，有些孩子天生不会反击，父母需要在日常生活中对其进行锻炼，帮孩子找到合适的反击方法。当孩子能主动反击嘲笑者时，对方的行为自然会有所收敛。

当然，孩子被嘲笑后要保持冷静，不要有过激反应。当知道语言无法伤害到孩子时，对方自然会就此罢休，因为无法得到嘲笑的乐趣。嘲笑者嘲笑他人，主要是想看被嘲笑者的表情和反应，如果孩子表现得足够镇定，那么这种乐趣也就消失了。

即便被同学嘲笑，孩子也要保持应有的仪表和仪态，充分体现自己的自信，这样对方才会看到孩子的长处，就不敢继续嘲笑了。

过度的玩笑引发悲剧，
正确应对同学的戏弄

生活中玩笑无处不在，玩笑有时候能有效缓解气氛。但是孩子对玩笑的把握度有限，过分的玩笑会演变成戏弄，起到相反的效果。

当孩子被同学戏弄时，父母一定要重视。戏弄会伤害到孩子的心灵，让他对学校生活产生误解。一个情商高的孩子，知道如何应对这种局面，但是如果应对不当，就会加深误会和矛盾。

市中心小学五年级的天天是一个调皮的孩子，看到越越刚接完开水回到座位上时，突然想捉弄一下越越。于是在越越快要坐下去时，天天快速将越越的椅子抽走，让越越一屁股坐到了地上。越越手里端着开水，摔倒时不小心弄翻了水杯，开水全淋到手上，当场大叫起来。

老师将越越送到医务室，经过处理后越越好了很多，但是手上起了几个很大的水泡，根本没办法继续上课。天天只是想开个玩笑，结果玩笑开过头，导致越越烫伤了手，自己也因此受到了惩罚。

很多好朋友，因为过分的玩笑关系变僵。天天和越越就是如此，天天开同学的玩笑本身没什么，只是不小心做过了头，引发了悲剧。孩子之间开玩笑并非不可以，但是要注意把握好度，不能过分。

如果同学只是单纯地开玩笑，孩子不必大惊小怪，用一句玩笑话应对即可；如果同学之间的玩笑开过了头，成为一种戏弄，那么父母必须告诉孩子提高警惕，因为戏弄如果处理不好，往往会对孩子造成伤害。

面对同学的戏弄，孩子可以这样做：

1. 注意自己说话的语气

如果孩子因为被戏弄表现得怒气冲冲，对方会觉得很有意思，以后还会继续戏弄孩子。对方戏弄孩子，无非是想看孩子的笑话，孩子的反应越大，对方的满足感就越强。

这时，孩子可以进行有力的回击。孩子回击的声音有力度，语言中流露出一种自信，对他人的戏弄毫不在意，那么对方的气焰就会弱下来。他们会觉得孩子不好对付，以后就不会再戏弄他了。

相反，如果孩子的声音很弱，听起来像是快要哭了，那么对方会更加嚣张，以后还会戏弄孩子。所以孩子要控制自己的语气，表达坚定的立场。

2. 摆出自信的姿态，进行有力的回击

孩子被戏弄时，心情肯定很差。这时孩子要快速平复情绪，不要被情绪影响，要摆出自信的姿态来威慑对方。

自信的姿态能撑住场面，与此同时孩子还可以利用手势和肢体语言为自己壮胆。当孩子足够自信时，他会有一股强大的气场。气场强大的孩子有一定的震慑力，让对方不敢靠近。

3. 辨别情绪，准确把握对方的心理

孩子只有辨别出对方的情绪，才能有针对性地处理问题。如果对方只是为了看乐子，那么孩子不必太过担忧，表现出十足的自信便可以吓倒对方。如果对方故意把孩子当作戏弄的对象，那么孩子必须马上离开现场，不要引起过多的争执，然后将事情告诉老师，请求老师介入，避免对方今后仍然戏弄自己。

4. 把对方的话当作空气，不做任何回应

孩子如果及时回应，会落入对方的陷阱之中。对方等的就是孩子的反应，只要孩子回话，他们就会立即反击。双方针锋相对，会引发不必要的争执，对孩子来说十分不利。

要知道，被戏弄的孩子情绪很容易失控，也想戏弄对方。这种做法只会让别人看到孩子的怒火。孩子可以生气，但没有必要较真。不做任何回应，就是最有力的回应。孩子不理他们，他们自然会放过孩子。

无论面对什么玩笑，孩子都要保持平静的心态，让对方的话语或玩笑无法干扰到自己，这样就能有效避开对方的戏弄。这是情商高的表现。孩子情商高，在学校的人缘就好，就不会成为被戏弄的对象。

失败并不可怕，
教孩子直面失败的方法

　　每一个孩子都害怕失败。无论做什么事情，孩子都渴望获得成功。成功会让孩子感受到喜悦。可是人生在世，失败在所难免。人不可能事事如意，一时的失利并不意味着什么，关键是失利之后该如何应对。

　　在孩子眼里，失败是一件可耻的事。孩子会不自觉地将失败的影响放大，产生失落的情绪。失败会削弱孩子的自信心，让他们不知道如何应对接下来的挑战。

　　父母必须提升孩子的抗挫力。孩子如果主动交朋友失败，可能再也不敢主动结识朋友。这种心理再正常不过，父母要让孩子明白，任何事情都不可能一次成功，不断地摸索才能找到成功的方法。

飞飞今年九岁，刚升上三年级，班上来了很多新同学，飞飞主动向新同学问好。新同学对环境不熟悉，表现得十分冷漠。飞飞觉得新同学不喜欢自己，感到很失落，整天愁眉苦脸，情绪非常差。这种情绪还直接影响到了飞飞的社交。班上原本跟飞飞关系不

错的孩子主动关心飞飞，可是飞飞还沉浸在失败的情绪中，根本没当回事。结果对方便不再理他，两个人的关系也越来越差。飞飞觉得自己更失败了，整个社交圈子都乱了，朋友越来越少，感到十分孤独。

在这个事例中，飞飞不知道如何应对社交上的失败，因为一次失败便深陷其中，不能自拔，最终失去了很多朋友。其实失败并没有什么，但是孩子抵抗挫折能力差，一次失败便将他击垮，这是非常悲哀的。

父母对孩子的要求不能太高，过高的要求容易让孩子尝到失败的滋味。当努力拼搏后仍没能达到父母的要求时，孩子就会觉得自己很失败，自信心跟着受到打击。如果父母不及时安慰孩子，以后孩子做什么事情都不会有信心。

越是害怕失败，孩子就越容易失败。这样失败就成了孩子成长道路上的绊脚石，而不是垫脚石。孩子不敢面对失败，害怕失败带来的一切影响，因此情绪越变越差，生活越来越糟糕。这是一种焦虑的生活状态，孩子被焦虑所缠绕，根本无法脱身。

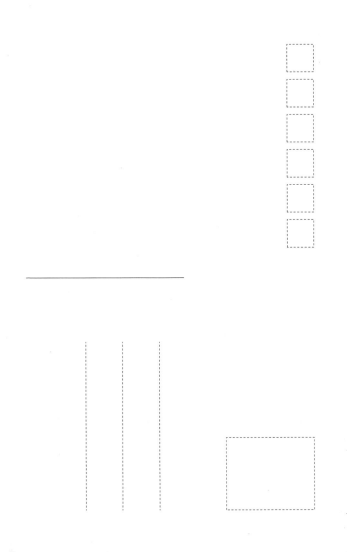

父母要明白一点：每个孩子都有自己的优点和缺点，不可能事事完美。只有父母的心态正常，孩子才能正确地面对失败。如果父母流露出失望的神情，孩子会下意识地觉得父母不再爱自己了，会因此更加害怕失败。相反，在孩子失败后，如果父母选择鼓励孩子，用微笑和支持来迎接孩子，孩子的心境就会大不一样。

孩子需要减压，而不是增压。在成绩上也好，在社交上也好，孩子都需要减压，只有这样孩子才会感受到生活的美好。孩子压力过大，一旦出现失败，后果将十分可怕，原本紧绷的神经会因为一次失败而断裂。

每一个孩子都很在意别人的评价。孩子不喜欢听到负面的评价，希望每个人都说自己聪明。他人的评价会在很大程度上影响孩子的心智发育。比如孩子的字写得很好，他希望人人都能夸他的字写得好。孩子不能正视优点，导致优点成了一种负担。优点应当带给孩子自信，而不是自傲。同时，孩子如果害怕别人的批评，不能正视自己的缺点，内心会一直受到打击。

诚然，有些评价能帮助孩子辨别是非，有些评价却会深深地伤害孩子的自尊，影响孩子的判断，甚至让孩子失去主见。

孩子不能太过在意别人的评价，只要做好自己即可，至于别人怎么说，那是别人的事。孩子的内心是脆弱的，很难承受强烈的打击。

父母成功的经验也能帮助孩子正视失败。父母是过来人，在孩子的心里很重要，所以可以用以往的失败经历作为例子来告诉孩子应该如何面对失败。失败是每一个人都要经历的事，只有经历过失败，人才会成长。通过父母的故事，孩子可以认识到失败并不可怕，就会更加积极地面对失败。

孩子失败后，父母要鼓励孩子，而不是否定孩子。鼓励会转化为孩子克服困难的动力，否定会成为压倒孩子内心的最后一根稻草。试想连父母都不相信孩子，孩子怎么可能相信自己呢？孩子远离沮丧，重新燃起信心，从失败中站起来，勇敢地面对接下来的挑战，才是重中之重。

孩子与同学发生冲突，
父母的最佳处理方式

　　在处理孩子之间的冲突时，父母一定要慎之又慎，千万不要下意识地以为孩子被同学欺负了，必须帮孩子"讨回公道"，而是要弄清楚前因后果，给孩子提供最合适的处理方法。有的父母一听孩子在学校被同学打了，二话不说跑到学校帮孩子"教育"对方。父母的做法表面上帮孩子找回了面子，实际上让孩子在同学面前抬不起头。孩子与同学发生冲突，父母需要给孩子提供意见和解决方法，而不是帮孩子出头，那样只会让孩子与同学之间的关系越来越差。

　　小优今年读三年级，相比同龄孩子个子偏矮，父

229

母十分担心小优会在学校里被同学欺负。每天小优放学回家，父母都会问小优"今天有没有同学欺负你"之类的问题。有一天，父母发现小优的额头青了一大块，细问之下才知道，小优与同学发生了冲突，被打伤了。小优的父母很生气，第二天同小优一起去学校，找到那个欺负小优的同学，狠狠地教训了对方一顿。尽管之后再也没有同学欺负小优了，但是也没有同学理小优了。小优越来越内向，再有什么事也不敢跟父母讲了。

在处理孩子间的冲突时，小优的父母用错了方法。父母确实可以帮助孩子讨回公道，但不应在讨回公道的同时，毁掉了孩子的校园生活。其他孩子见小优的父母如此霸道，肯定不愿意再跟小优玩，因为害怕被小优的父母教训。小优的父母看似帮助了小优，实际上因为自己的过度干预，破坏了小优的社交形象。

有些父母鼓励孩子忍耐，采用大事化小、小事化无的处理方式。过度忍让会影响孩子的是非观，导致孩子失去自我保护的能力。同学见孩子一味地忍让，会觉得孩子好欺负，以后还会欺负孩子。孩子的性格也会因为过度忍让变得胆小怕事。

还有些父母鼓励孩子打回去，最典型的方法是谁打孩子，孩子就打谁。孩子确实可以这样做，但是由于年龄小、体力弱，往往打不过对方。况且打回去的方式可能会让孩子产生暴力倾向。孩子如果打赢了，会养成动手打人的习惯；如果打输了，自信会受到打击，认为自己天生就是弱者。

那么，当孩子与同学发生冲突时，父母究竟应该怎样处理呢？

1. 处理孩子冲突的前提：孩子的事情孩子办

孩子与同学发生冲突，父母一定要站在局外，只有站在局外才能看清事情的本质，找到更好的处理方法。同学之间的冲突，往往是一些小矛盾，孩子应当主动找对方和解。所谓"不打不相识"，就是这个道理。和解并不是退让，而是一种大度，一种胸襟。当孩子拥有宽容、正直的胸怀时，孩子的朋友会越来越多。

2. 冲突是孩子成长的必经之路

每个孩子都是父母心中的宝，父母生怕孩子在学校里受一点委屈。事实上，孩子与同学发生冲突不一定就是坏事。孩子需要成长，父母应当放手让孩子去做，那些小冲突是孩子成长的必经之路。孩子受一点委屈又怎么样，关键是让孩子成长起来。

比如同学未经孩子允许拿了孩子的卷笔刀，这是一件再小不过的事情，但是孩子们可能会因为性格急躁而产生冲突。父母应当告诉孩子，无论同学是不是偷拿他的卷笔刀，他都不应该质问，而应用故作惊讶或是假装找到的方式来引起同学的注意，给同学台阶下，这样冲突自然就会少很多。

父母尤其不能斤斤计较，要放宽心，只要在安全的范围内，应该试着放手，让孩子自己去解决问题，获得成长。

3. 再大的矛盾都能化解，千万不能限制孩子解决问题

孩子之间发生再大的冲突，父母都应当鼓励孩子去化解。冲突产生后，父母不能一叶障目，限制孩子去处理，那样不利于孩子的成长。父母应当相信孩子。如果孩子真的无法解决问题，父母可以将对方的父母叫过来，一起商量，达成共识。

不仅如此，在孩子尝试解决冲突时，父母要给予孩子足够的支持和帮助。父母的支持能给孩子带来足够的信心。在平

时，父母要教育孩子，在学校里与同学友好相处，不要动辄骂人、动手打人，让孩子明白这是不对的行为。

　　巧妙化解冲突，不仅能帮助孩子建立完善的人际关系，还能提高孩子处理和应对问题的能力，从而使其拥有更加健全的人格。

根据孩子的兴趣爱好，选择其中一个领域即可，

不需要什么都会，不然就不是特长了。

社交孤立实际上可能发生在每个人身边。

培养高情商的孩子，
有效社交的五个方法

孩子慢慢长大，开始与人接触时，难免会受到伤害。父母纵然想把最好的留给孩子，但是不可能代替孩子生活。所谓授之以鱼，不如授之以渔。父母必须教会孩子应对困难的方法。提升孩子的情商应当成为父母必修的课程。只有如此，才能让孩子有能力应对生活中的一切困难。

学校就是一个小社会，需要孩子主动适应，快速融入。同学之间有合作，也会有冲突，孩子只有情商高，才能更好地处理这些问题。那些情商不高的孩子，在学校的朋友很少；相反，那些情商高的孩子，社交能力很强，身边总会围着不少同学。

读四年级的苏军在班上的人缘很差。因为他不会说话，明明不错的东西，在他嘴巴里完全变了样。有次同桌喻红考了九十八分，同学很羡慕喻红，他却说："又不是一百分，有什么好羡慕的。"喻红听了很不高兴，就反驳道："有本事你也考九十八分。"两人就因此吵了起来。

这一次，苏军和最好的朋友张华闹僵了。原来张华带到学校的玩具被苏军不小心弄坏了，苏军不仅没有道歉，反而不屑一顾地说："不就是一个破玩具！"张华很生气地责备他："你弄坏了我的玩具，还说这种话。"苏军不以为然地走开了。从那以后，张华再也没有理过苏军。

苏军就是典型的情商低的孩子，从不考虑自己的话会不会伤害到别人，心里怎么想的就怎么说。这样的孩子肯定不受欢迎。在相同的情况下，如果苏军换一种说法，比如对喻红说"好棒，看来我也要加油了"，对张华说"我不小心弄坏了，会赔给你"，结果就完全不一样了。

孩子的情商高低，取决于父母的教育。原本一些很小的问题，只要换一种方式就能解决，结果孩子因为情商不高，让小问题演变成了大问题。虽然每个人都有自己的想法，但并不是每一个想法都要如实地说出来，同样一句话用不同的方式去说，会有不同的效果。如果有些话会影响两个人的关系，孩子就不要说出来，或者用婉转的方式来表达。

情商越高，孩子就越知道什么话可以说，什么话不能说，对话语有着更清晰的理解和认识。孩子说话好听，懂得站在同学的角度考虑问题，那么孩子的社交一定会越来越好。提升孩子的社交能力，培养孩子的情商，父母可以这样做：

1. 开放式的家庭教育

孩子也是家庭的一员，不能用强硬的态度来教育孩子，父母要用开放的方式来教育孩子。如果父母管得太紧，使孩子没有机会接触外面的人和事，孩子就不懂得如何与人交流。父母要鼓励孩子走出去，让孩子主动结识新朋友。

2. 自家的孩子最好

在孩子取得一定的成绩时，有些父母会因为害怕孩子骄傲而拒绝赞美孩子，殊不知这样会给孩子的心理造成巨大的压力。孩子会觉得无论自己怎样努力，父母都不会认可他。想要孩子有自信，父母必须给予孩子足够的赞美。当孩子有所进步时，父母要表扬孩子。这样孩子才会更加努力。

3. 鼓励孩子参加学校举办的文体活动

对于低年级的孩子，有些父母觉得孩子参加"六一"表演没有意义，所以不帮孩子报名。这是错误的做法。像"六一"表演这种学校举办的集体活动，能锻炼孩子。父母应当抓住这个机会，鼓励孩子参加。不管结果如何，在参加活动的过程中，孩子会学到很多平时学不到的东西，有利于提升自己的社交能力。

4. 训练孩子的社交意识

孩子的社交能力不是说有就有的，需要父母帮着培养。孩子想要参与同学的游戏，想要对同学的友情做出回报，想要与同学分享自己的乐趣，甚至想要关心同学和帮助同学，都需要父母的指导。父母要指导孩子什么场合该说什么话，该用什么样的表情等。孩子越主动，朋友就越多，但主动的前提是知道如何沟通，这样才能获得同学的认可。

5. 有些困难孩子可以自己解决

在孩子遇到困难时，父母立即帮助孩子解决。这种做法表面上保护了孩子，实际上剥夺了孩子的动手能力。孩子具备很强的能力，只是父母不给他机会表现。父母应放手让孩子去做、去尝试，哪怕明知他会失败，也要鼓励孩子独立完成。孩子的动手能力越强，解决问题的能力就越强。只有父母主动放手，孩子才会勇敢地面对未知的世界，才会主动思考，不断地探索和进步。